ちくま新書

論理的思考のコアスキル

波頭 亮
Hatoh Ryo

1404

まえがき

本書は、論理的思考力を実際に身につけるための一冊である。

巷間、論理的思考に関する解説書やノウハウ本、研修やセミナーを目にする機会は少なくないが、そうした学習やトレーニングプログラムによって実際に論理的思考力を習得・向上させることができたという成功例の話はあまり聞かない。

論理的思考力は、間違いなく重要な能力である。仕事の上においても、政治や政策の判断・評価をする上においても、また自分の人生の選択をする上においても、論理的思考力は役に立つ。論理的に考えることができれば、論理的でない場合と比べて明らかに有効な答えや選択肢を手にすることが可能になるからである。だからこそ、多くの人が論理的思考力を求め、論理的思考力強化に関する多くの本やセミナーが出回っているのであろう。

にもかかわらず、そうした手法による論理的思考力の習得・向上の成功例をあまり聞くことが無いのは、多くの解説書が、論理や思考そのものの原理の理解を省略して公式やフォーマットを紹介・解説するだけに留まっていたり、多くのトレーニングプログラムが、論理的思考力を向上させるための具体的な練習メニューや練習に取り組む際の実践的な勘所を的確に示せていないからであろう。

筆者は長年、論理的思考力強化のためのトレーニングプログラムを開発したり、実施したりしてきたのだが、論理的思考に対する根本的な理解である〝理論〟と、能力を習得・向上させるための具体的なトレーニング方法である〝実践〟の両方を備えたプログラムによれば、論理的思考力を大幅に向上させることが可能であるという経験を持つ。

本書はこうした経験を踏まえて、論理的思考力について学習し、実際に論理的思考力を身につけていただくための構成となっている。

まず第Ⅰ章では、論理的思考における思考のプロセスがどのような情報処理作業になっているのかということと、論理が成立するための要件とを明らかにして、論理的思考とは要するに何なのかということを解説する。

続く第Ⅱ章では、その論理的思考力を構成する3つのコアスキルを示してある。3つのコアスキルとは、「適切な言語化」スキル、事象や意味を「分ける」スキル・「繋げる」スキル、および「定量的な判断」スキルである。これら3つのコアスキルを養成することによって、論理的思考力という能力を習得することができるわけである。

また第Ⅲ章では、それらのスキルを習得するためにはどのような練習をすればよいのか（what to do）について5つのトレーニングメニューを示した上で、どのように練習すればよいのか（how to do）について3つの勘所を具体的に提示して解説してある。

第Ⅱ章で提示した論理的思考力を構成する3つのコアスキルと、第Ⅲ章で示したコアスキル習得のための what to do、how to do の具体策こそ、本書のメインテーマである。

最後に第Ⅳ章では、正しい論理的思考を阻害する、〝生得的性質《ネイチャー》〟として判断を間違える〟人間の脳のメカニズムについて簡単に紹介し、論理的思考を正しく行うための実践的方法論であるクリティカル・シンキングを紹介する。


以上の内容を理解していただくことで、厳密に言うならば理解した上で実行していただくことで、論理的思考力は確実に向上・強化されるはずである。

本書が論理的思考力の習得を望む方々の一助になれば幸いである。

論理的思考のコアスキル【目次】

図版作成（83頁、188－189頁、225頁、241頁、244頁）：朝日メディアインターナショナル株式会社

第1章

論理的思考とは

論理的思考のコアスキルを理解・習得していただくことが本書の主題・目的であるが、そもそも論理的思考とはどのような行為なのかについて説明することから始めよう。第Ⅰ章において、まずは正しい論理的思考の全体像を理解していただくために、「思考」「論理」「論理展開」に分けて、順に説明していく。

1 思考とは何か

論理的思考は「思考」と「論理」に分けて学ぶことができる。思考とはどのような頭脳作業で、どのようなプロセスで行われるのかを理解した上で、それを論理的に行えば論理的思考になる。

まず最初に、「思考」について説明する。

① 人がものを〝分かる〟ということ

思考とは、端的に定義するならば「(何かを分かろうとして)情報と知識を加工すること」である(情報と情報、知識と知識の加工でもよい)。

人は色々なことを分かろうとする。目の前にモノが置かれた時には「これは何だろう」

と知ろうとするし、風邪をひいた時には「なぜ風邪をひいたのだろう」と分かろうとする。そういう時、目の前のモノの色や形や大きさなどを観察して、それと似たようなモノに関する自分の知識と照らし合わせて、目の前のモノについての情報と符合する知識が自分の中に見つかれば「それは○○だ」と分かるし、情報と知識が全く同じでなくてもだいたい同じであれば「それは○○だろう」「それは○○かもしれない」というメッセージを得ることになる。このような、情報と知識を照らし合わせたり繋ぎ合わせたりして何らかのメッセージを得るプロセスが「思考」である。

得られた観察情報と自分の知識とが全く符合しない場合は、「これは何だか分からない」というメッセージになるが、この場合においても情報と符合する知識を記憶の中で探そうとしているプロセスは思考と言ってよいであろう。思考してみたが、有効な答え《メッセージ》が得られなかったということである。

「これは何だろう」と分かろうとする思考について、念のために具体例を使って確認しておこう。

春の休日、自分が歩いている田舎道の両側に広がっている畑に一面の黄色い花が咲いていて、「この花は何だろう」と知りたいと思ったとする。季節は春、場所は里山近くの田舎道、咲いている状態は畑一面、花の色は黄色、という情報を知識と照らし合わせてみると、そうした情報の内容に合致した花は「菜の花」だという答えに辿り着くことができる。

この、情報と知識を加工して意味合い《メッセージ》を得るプロセスが思考なのである。

このプロセスからも分かるように、〝良く〟思考するためには、多くの知識を持っている方が有利である。思考とは情報と知識を照らし合わせたり繋ぎ合わせたりして意味合い《メッセージ》を探す行為なのであるから、情報が一定でも知識が多い方がより多くの意味合い《メッセージ》を抽出できるわけである。

知識ばかり詰め込んでも考える力が無ければ無益であるとよく言われるが、豊富な知識は豊かな思考を行うための材料である。菜の花が咲く季節も、菜の花が多く植えられている環境も、菜の花の色や形も知らなければ、目の前に広がる一面の黄色い花が何の花なのかを分かることはできないのだから。

このように「それが何か」を分かる能力、すなわち思考力は、得られた情報に対して照らし合わせるための「知識」と、情報と知識とを照らし合わせたり繋ぎ合わせたりする「情報の加工力」の2つのファクターで構成されているのである。

そして、実は「それが何か」を分かるための手段/能力には、「知識」「情報の加工力」の他にもう1つある。それは「情報収集」である。

面前に広がる一面の黄色い花が何であるのかを分かろうとするプロセスにおいて、今日に見えている情報に加えて、畑の中に入ってその花の花びらの形や枚数、丈や葉の形状を確認するという追加情報を集めることもあるだろう。これが「情報収集」に当たる。また花の名前に詳しい人に聞いて「菜の花だ」と教えてもらうのも情報収集である。

「それが何か」を分かるためには、基本的には〝それ〟に関する情報が多い方が答え／意味合いを導きやすい。自分の持っている知識と照らし合わせるための材料が多い方が、多くの意味合い《メッセージ》を得ることができるからである。たとえば先ほどの例で挙げた田舎道の両側に咲いている花に関してであれば、花の色だけではなく、葉の形や丈などの情報も得られていた方が何の花かを分かる上での助けになる。このように、知識と照らし合わせるための情報を増やすために行う「情報収集」も、「それが何か」を分かるための有力な手段なのである。

　以上のように、現実的にものを分かろうとしたり、現実の問題の解決策を見出そうとする場合には、「知識」と「情報加工力」と「情報収集力」という3つの力がものを分かる能力を構成するのである（次頁の図）。

　ちなみに、思考以外で人が何らかの意味合い《メッセージ》を得る手段としては「感じる」ということもあるが、これは文字通り「感じる」のであって、ここでは「分かる」とは区別しておく。「感じる」には情報と知識の意識的な加工プロセスが無い。外界からの刺激や情報に対し

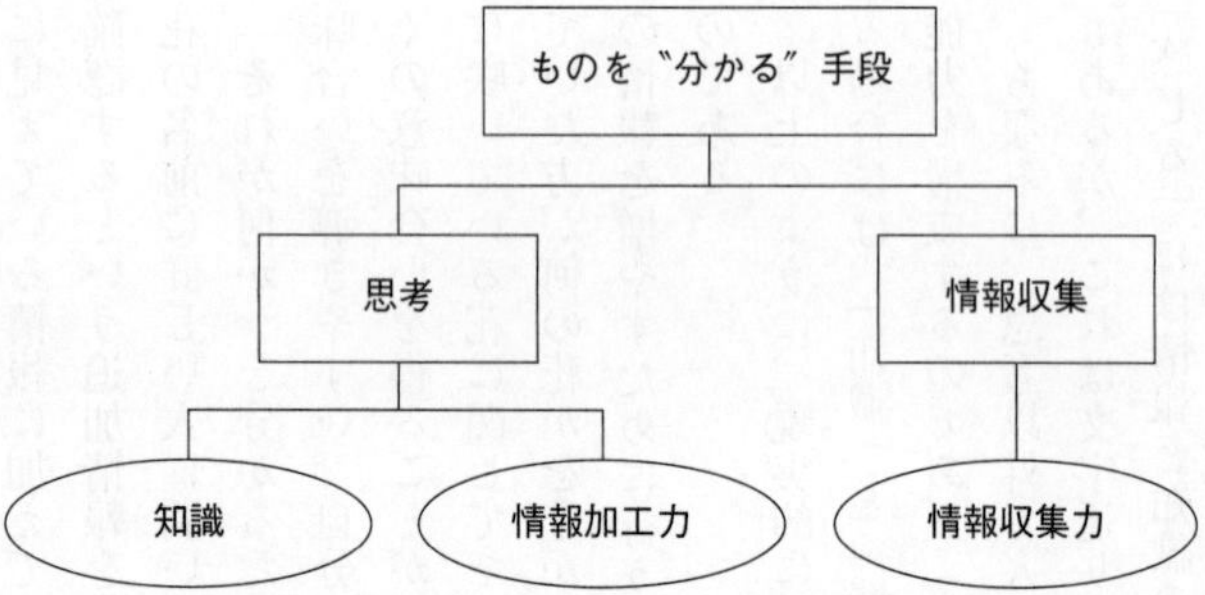

て、たとえば〝熱い〟とか〝痛い〟とか〝気持ちいい〟という無意識的・受動的に発生するリアクションとしてのメッセージを得ることが「感じる」である。

さらに補足すると、「思考」と「感じる」の中間に位置するのが「思う」である。「思考」と「思う」には同じく「思」という文字が使われているように共通性がある。その共通性は情報と知識・経験とを照らし合わせる・繋ぎ合わせるプロセスを経て、意味合い《メッセージ》が浮かんでくるという点である。

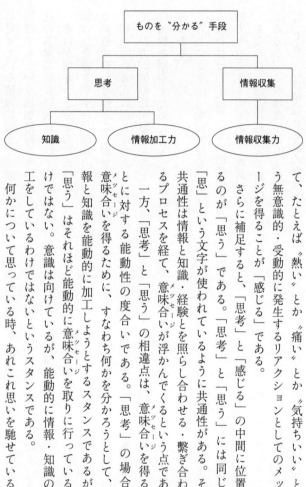

一方、「思考」と「思う」の相違点は、意味合い《メッセージ》を得ることに対する能動性の度合いである。「思考」の場合は意味合い《メッセージ》を得るために、すなわち何かを分かろうとして、情報と知識を能動的に加工しようとするスタンスであるが、「思う」はそれほど能動的に意味合い《メッセージ》を取りに行っているわけではない。意識は向けているが、能動的に情報・知識の加工をしているわけではないというスタンスである。

何かについて思っている時、あれこれ思いを馳せているうちに気がついたら積極的に考えている状態に転化しているという感じになった経験があるであろう。このような「思う」と「思考」のシフトに見られるように、「思う」と「思考」は完全に切り分けられるものではなく、能動性と情報・知識の加工度の程度によってグラデーション的に繋がっていると理解することができる。日本語では「思う」と「思考」は使い分けられているが、英語ではどちらにもthinkという語が使われているのもこの共通性・同類性に因《よ》るものであろう。

② 思考のメカニズム

思考とは、何かを分かろうとして、情報と知識を照らし合わせたり、繋ぎ合わせたりして意味合い《メッセージ》を得ることであると説明した。

次に、この思考のプロセスで行われている具体的な情報加工のメカニズムについて説明しよう。

情報と知識を〝照らし合わせる〟〝繋ぎ合わせる〟プロセスで行われている情報加工のミクロの作業は、

i　考察対象を要素に「分ける」こと

ii　分けられた考察対象の情報要素を、それに対応する知識要素と「比べる」こと

〈情報加工のミクロのプロセス〉

分ける	比べる	くくる
考察対象を要素に分けること	分けられた考察対象の情報要素を、それに対応する知識要素と比べること	考察対象の情報要素と知識要素を比べて得られた“同じ”／“違う”という判別結果を統合・整理して“同じ”要素でくくること

iii　考察対象の情報要素と知識要素を比べて得られた“同じ”と“違う”という判別結果を統合・整理して、“同じ”要素で「くくる」こと

である。そして、「分ける」「比べる」「くくる」が、人間の思考で行われる最も基礎的な情報加工作業ということになる（上図）。

「分ける」「比べる」「くくる」という3つの情報加工作業によって、「それが何か」を分かるプロセスを、例で示してみよう。

「目の前の畑で一面に咲いている黄色い花」が「菜の花」だと分かるまでのプロセスにおいては、「目の前の畑で一面に咲いている黄色い花」という情報を、

「一面に咲く花」
「畑に植えられる花」
「黄色い花」

という情報要素に“分けて”、自分の記憶の中にあ

る

「一面に咲く花＝桜、桃、れんげ、菜の花、……」

「畑に植えられる花＝桃、れんげ、菜の花、大根の花、……」

「黄色い花＝菜の花、ひまわり、山吹、黄水仙、……」

という知識要素と〝比べて〟、情報と知識の共通要素を〝くくって〟まとめると、「それは菜の花である」ということが分かるのである。

「なぜ風邪をひいたのか」を分かろうとする場合も同様である。風邪をひく前の状況や自分がしたことを、その日はとても寒かったとか、赤い服を着たとか、朝食に食パンを2枚食べたとか、薄着で外出したとか、飼い猫の尻尾を引っぱったとか、色々な行為や状況に〝分けて〟あれこれと並べてみる。次いで、それ以前に風邪をひいた時の行為や状況も同じように挙げて〝比べて〟みて、風邪をひいた時に共通する項目をまとめて〝くくる〟と、「寒い日」「薄着」「外出」が浮かび上がって、「寒い日に薄着で外出して、風邪をひいた」という原因と結果の関係が捕捉できるのである。

つまり、前項では「思考とは情報と知識を加工すること」という定義を示したが、その思考の工程はミクロで見ると「情報を要素に分けて、比べて、くくる」作業をしているのであり、思考とは情報を「分ける」「比べる」「くくる」ことであるという理解が成り立つのである。

そして、このように考察事象を「要素に分けて」「要素毎に比べて」「同じ／違うでくくる」ことによって得られる思考成果は、基本的には2つのタイプに分類される。思考によって得られる最も基本的な2つの思考成果とは、「事象の識別」と「事象間の関係性の把握」である。

事象の識別とは、「それが何か」が分かることであり、「これは菜の花だ」「この症状は風邪の症状だ」という分かり方である。

事象間の関係性の把握とは、「昨日寒かったのに薄着で出かけた」ことが「今日風邪をひいている」ことの原因である（原因と結果の関係）とか、「父の名前が道男である」ことと「私の上司の名前が道男である」こととは関係が無い（無関係）という分かり方である。

これら「事象の識別」と「事象間の関係性の把握」という2つの基本的な思考成果を組み合わせたり積み上げたりすることによって、複雑で広大な森羅万象にアプローチすることが可能になる。

③ 思考によって得られるもの

「分ける」「比べる」「くくる」という基礎的情報加工によって「事象の識別」と「事象間

の関係性の把握」という2つの基本的な思考成果が得られることを説明してきたが、「事象の識別」と「事象間の関係性の把握」を組み合わせることによって、人間が思考によってアプローチできる対象と領域は一気に広がり、高度化する。

以下、思考によって得られるもの、すなわち思考対象と思考領域の拡大・高度化とは具体的にどのようなことを意味するのかについて解説していく。

体系化による次元の拡大

まず、「事象の識別」を積み上げることで得られる「体系化」と、「体系化」によってもたらされる「次元の拡大」について説明しよう。

考察対象を「要素に分けて」「要素毎に比べて」「同じ／違うでくくる」ことによって「事象の識別」が行われるが、この作業は事象の分類・体系化に発展させることができる。

たとえば、イカとタコとアサリとハマグリとイワシとタイを、「鱗《うろこ》があるかどうか」「殻を持つかどうか」「体が軟体かどうか」……という切り口で分けて、比べて、くくっていくと、（イワシ、タイ）（アサリ、ハマグリ）（イカ、タコ）と整理できる。またさらに、背骨があるかどうかという切り口で分けて、比べて、くくると、背骨がある「（イワシ、タイ）」と背骨が無い「（イカ、タコ）（アサリ、ハマグリ）」と一階層上位のくくり方が見

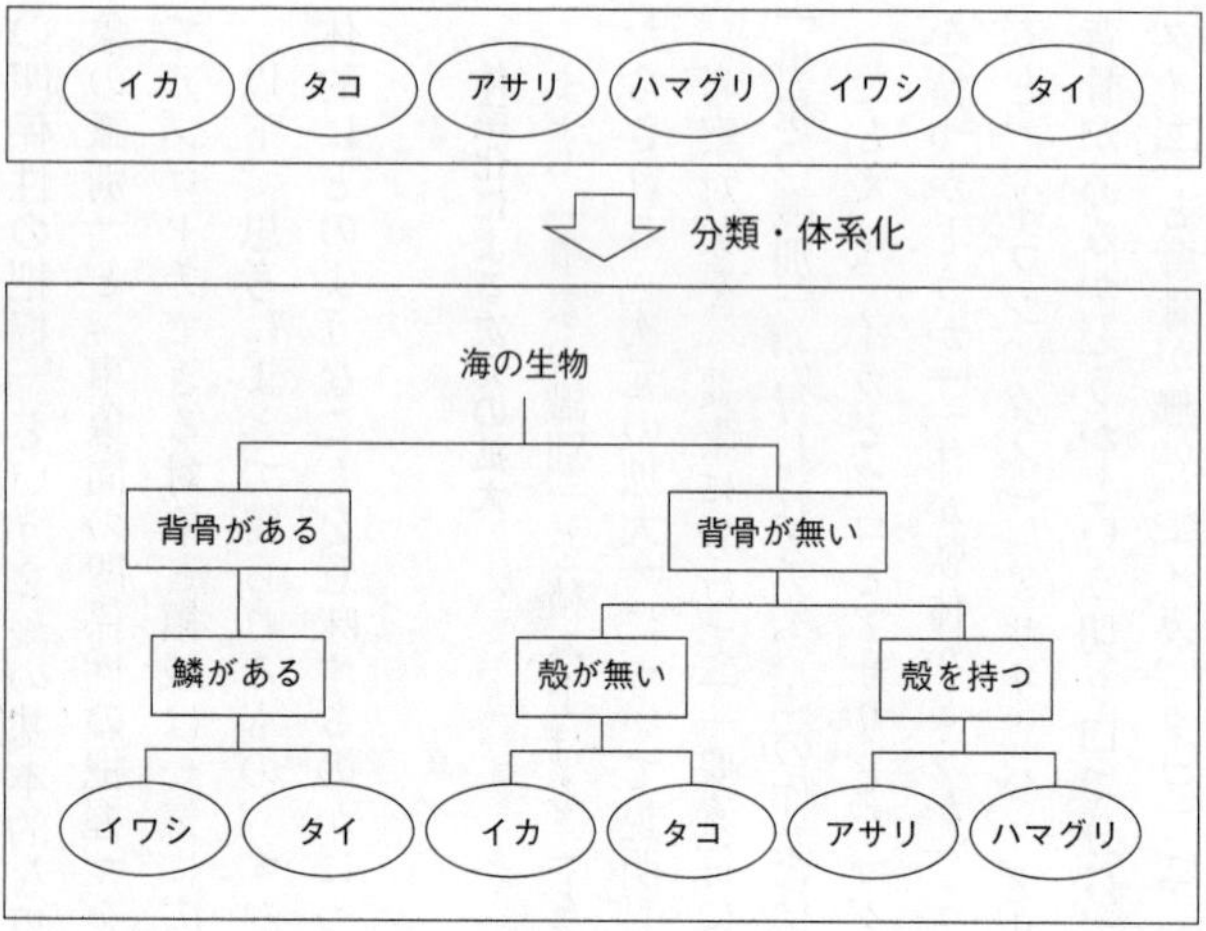

つかる。これが事象の識別の延長にある「分類・体系化」である（上図）。

この「分類・体系化」のプロセスは、思考において極めて重大な概念を与えてくれている。重大な概念とは「具体と抽象」である。

この分類の例で言えば、（イワシ、タイ）を魚とラベルづけし、（イカ、タコ）を頭足類、（アサリ、ハマグリ）を二枚貝とすると、魚、頭足類、二枚貝という〝くくり〟は、イワシやイカやアサリといった個別の考察対象よりも抽象度が高いということになる（イワシやイカやアサリといった個別の要素は具体度が高い）。

人が見たり聞いたりして直接的に得る情報の対象は、自然に存在する具体的な事物／事象であることがほとんどである。こうした具体的な事物や事象から抽象的な性質を見つけ出し、意味づけし、概念として理解することで、人間の思考は具体の地面を歩き回っているだけの状態から抽象の空間へと飛び立てるようになった。まさに次元が拡大したのである。

先に説明してきた、情報と知識とを照らし合わせて「分ける」「比べる」「くくる」作業は同一次元上の情報要素の加工であったが、同じくくりの中に入れられる複数の具体的要素をまとめる〝ラベルづけ〟と〝意味合いの設定〟、たとえば「イワシとタイ」のくくりに対する「魚」や、「アサリとハマグリ」に対する「二枚貝」は、一段上の次元の概念である。

このように、具体から抽象をすくい取ることによって、人の思考フィールドは平面から空間へと飛躍し得たのである。

因果の捕捉による結果のコントロール

「事象間の関係性の把握」も、思考に大きな可能性を与えてくれる。

様々な事象に対して「分ける」「比べる」「くくる」を追求していくと、全ての事象間の関係性は3つに整理される。その事象間の3つの関係性とは、「独立」「相関」「因果」である。

「独立」とは、ある事象と別の事象との間に何の連動性も関係性も無い状態である。この時、ある事象が変化しても、もう一方の事象には何も影響を及ぼさない。

「相関」とは、ある事象と別の事象との間に何らかの関係性が存在する状態である。これは、ある事象に変化が生じた時に、もう一方の事象も変化する関係である。どちらか一方だけが他方に影響を及ぼし、もう一方の変化は他方に影響を及ぼさない場合も相関という。

「因果」とは「相関」の特殊な一形態で、一方の事象が原因となってもう一方の事象を引き起こしている関係である。ある2つの事象の間に因果関係があると認定する場合は、原因事象が必ず先に起きて結果事象は必ず後に起きるという時間的序列が存在することと、原因事象が結果事象を引き起こす意味的連動性が認められることの2点が要件になる。

こうした事象間の関係性の把握のうち、「因果」の捕捉は、大きなメリットを与えてくれる。つまり、ある事象を引き起こす原因を捕捉・解明できれば、原因の事象に働きかけたり、原因から結果がもたらされるプロセスに働きかけたりすることによって、結果をコントロールすることができるのである。

たとえば「寒い日に薄着で出かけると（原因）、風邪をひく（結果）」という因果関係が分かれば、風邪をひきたくなければ「寒い日は厚着で出かける」とか「寒い日は出かけない」という対策が得られる。「毎年同じ畑に同じ作物を植えると（原因）、収穫が減っていく（結果）」という因果関係が分かれば、豊かな実りを得るためには「同じ畑には去年と違う作物を植える」とか「今年収穫した畑は、来年は休ませる」といった対策を取ることができる。

このように事象と事象との間の因果関係を捕捉することができれば、自分にとって都合が良いように結果をコントロールすることができるので、人類は森羅万象の因果関係を捕捉することに多くのエネルギーを注いできた。その成果として科学や技術が発達し、文明が進歩してきたのである。

時間軸の取り込み

また事象間の因果関係の把握は、「魚や肉は火を通して食べた方が安全である」とか「風邪をひきたくなければ、寒い日には薄着で出かけない」といった生活の実利的メリットを与えてくれるだけではない。

「事象の識別」が分類・体系化に発展するプロセスにおいて「具体と抽象」という概念を生み出し、思考分野・思考対象の次元を拡大したように、「事象間の関係性の把握」も思考自体に重要な貢献をもたらしてくれる。

それは思考フィールドに時間軸を与えてくれることである。

「事象の識別」における「分ける」「比べる」「くくる」は、基本的には同一時点でのスタティック（静的）な作業である。一方「事象間の関係性の把握」における因果の捕捉には必ず時間軸が伴う。なぜならば原因は結果に対して必ず先に起きていなければならないからである。つまり、原因事象と結果事象の間に時間の幅があるダイナミック（動的）な関係性となるのだ。

そもそも「事象間の関係性の把握」では、因果だけでなく相関や独立も、思考成果の範疇《はんちゅう》である。ということは、全ての森羅万象の関係性を、因果・相関・独立のいずれかで規定することができるわけである。そして思考対象にできる事象が「時間軸」の広がりを持ったことによって、過去・現在・未来の全ての事象を思考の対象とすることが可能になったのである。

以上のように、「分ける」「比べる」「くくる」という思考のミクロ要素から「事象の識別」と「事象間の関係性の把握」という2つの思考成果が生み出され、これら2つの思考成果がそれぞれ「具体と抽象」の概念を生み出すことで思考の抽象空間を広げ、「時間軸」を思考に取り込むことで思考の時空間を広げてくれたのである。

このようにして、人は森羅万象を分かるための思考領域と思考（情報加工）の方法論を手にしているのである。

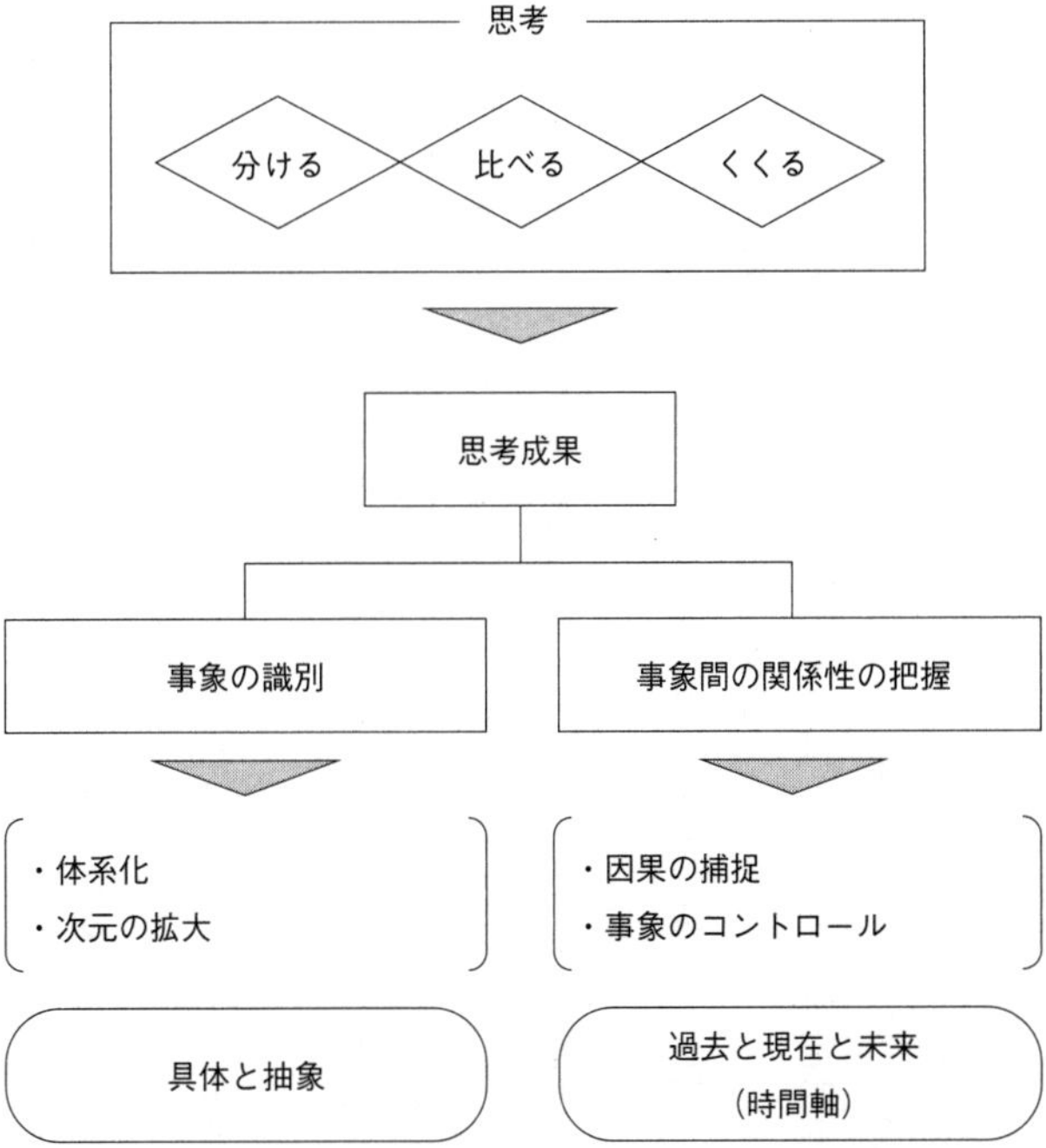
思考
分ける
比べる
くくる
思考成果
事象の識別
事象間の関係性の把握
・体系化
・次元の拡大
・因果の捕捉
・事象のコントロール
具体と抽象
過去と現在と未来
(時間軸)

事象の構造化

ここまで思考によって何を分かることができるのかについて説明してきたが、思考成果の総括として「構造化」について説明しておこう。

「構造化」とは、事象の「構成要素」と、それら構成要素間の「位相／関係性」を明らかにすることである（左頁の図）。

たとえば「水：H_2O」を構造化するとは、「1つの酸素原子を両側から2つの水素原子が挟む形で、イオン結合によって結びついて成立している」ということになる。この場合、構成要素は「O：1つの酸素原子」と「H_2：2つの水素原子」、位相は「酸素原子を中心にして、2つの水素原子が挟んでいる」ことと、その繋がり方が「イオン結合」であるということである。

そして、こうした構造化した理解は、ここに挙げたH_2Oのような物理的な事象だけでなく、様々な事象に対して適用できる。

たとえば、人が仕事をする時のモチベーションを決定する構成要素は「タスクと本人の資質・希望とのマッチング」「タスク達成に対するインセンティブ」「タスク遂行のチームメンバーとの人間関係」に分けることができるが、これら3つの構成要素間の位相は、基本的には「独立」である、という具合いに構造化できる。

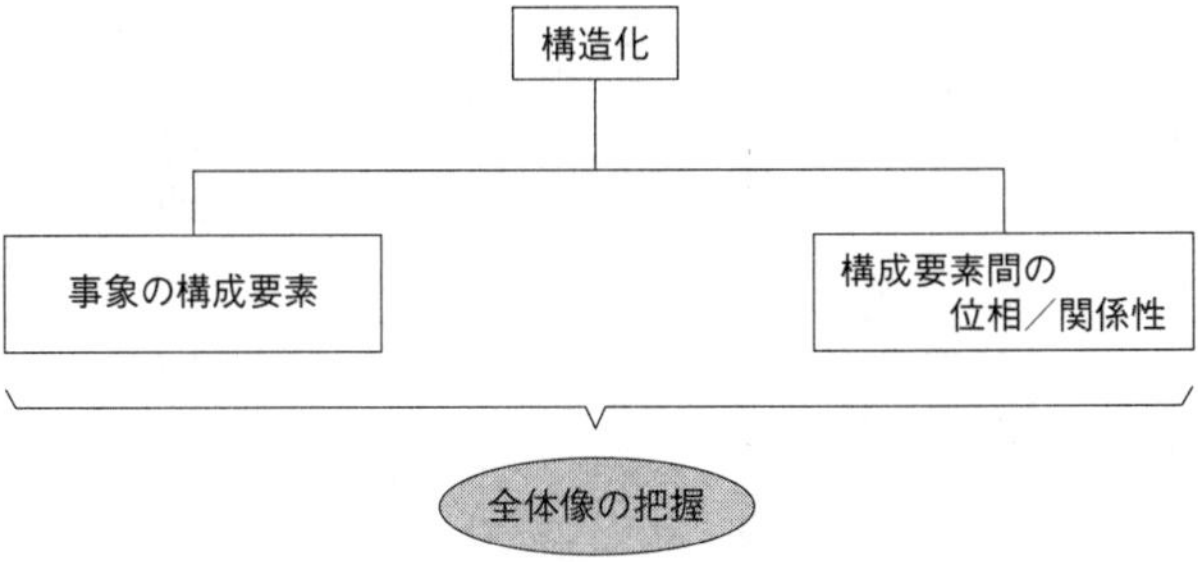

このように「構造化」は全ての考察対象に対して可能であると心得てよいであろう。

構造化は、思考の成果物としての完成度が高いだけでなく、現実的な有用性も高い。ある事象を生起せしめている要素が全て明らかにされており、しかも構成要素間の位相、すなわちある要素と要素の間の因果関係や相関関係が示されているのだから、どの要素にどう働きかければどのような変化を生じさせることができるのかが分かるのである。したがって、ある事象を構造的に理解することができれば、水（H_2O）を組成したり、働く人のモチベーションをコントロールしたりする手立てが分かるということになる。

情報と知識を材料に、「分ける」「比べる」「くくる」を駆使し、「事象の識別」と「事象間の関係性の把握」という思考を構成している全てのファクターを総動員してこそ得られるという意味で、「構造化」は最も高度な思考成果であり、しかも事象をコントロールするための判断に活用し得るという意味では非常に有用な思考成果なのである。

2 論理とは何か

前節では「思考」と「思考成果」について説明してきたが、次に論理的思考を理解するためのもう1つの要素である「論理」について解説する。

「論理」について十全な理解を得るためには、論理とは何かという「論理そのもの」と「論理が成立するための要件」および「論理的である」ということの3点を押さえておくことが必要になる。

①「論理そのもの」を知る：論理の定義

まずは「論理そのもの」、すなわち論理の定義を示そう。

論理とは、「ある命題（既呈命題）から、推論によって次段階の命題が導かれている命題構造」、あるいはそうした命題構造における「既呈命題から次段階の命題を導くための思考の道筋（推論）」である（左頁の図）。

前者の定義は、論理とは「既呈命題」＋「推論」＋「次段階の命題」という全体を指す

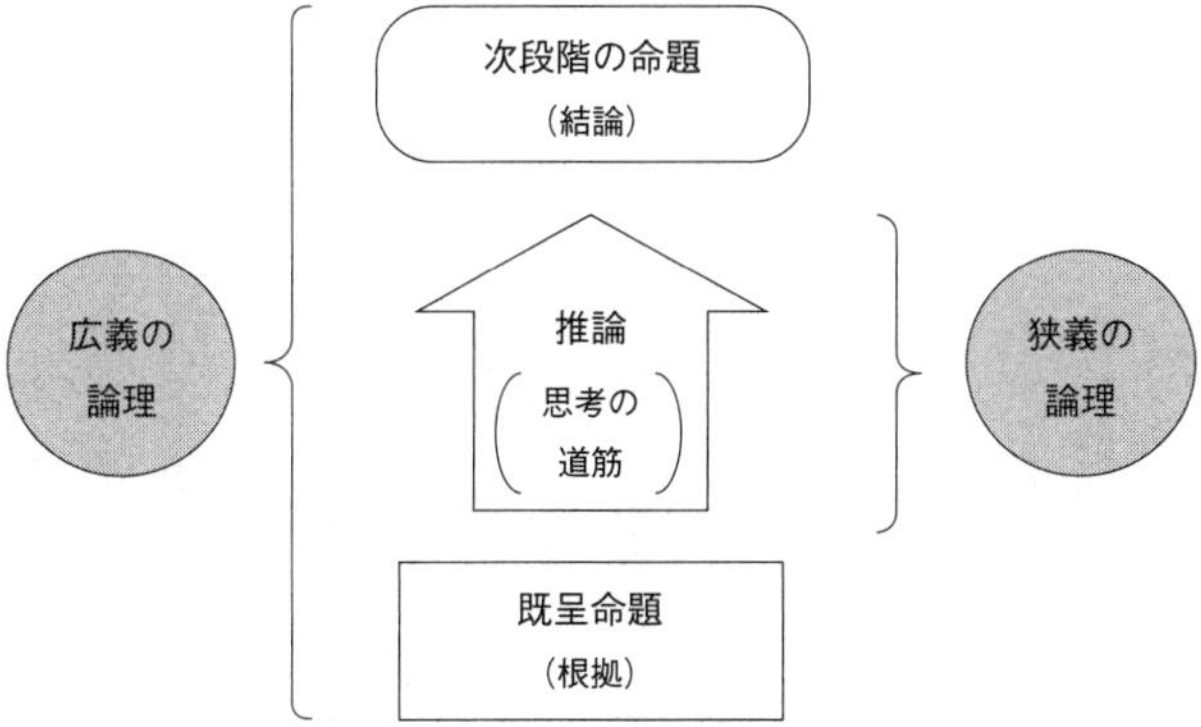

が、この定義は広義の論理ということができる。一方、後者で示した、既呈命題と次段階の命題とを繋ぐ、「思考の道筋（推論）」を論理という場合は狭義の論理と言ってよいであろう。

ちなみにここで示した定義では、論理構造を構成するための2つの命題を「既呈命題」と「次段階の命題」としたが、論理構造を構成するための2つの命題を「根拠」と「結論」と位置づけることも可能である。この場合は、広義の論理が「根拠」＋「思考の道筋」＋「結論」という3点セットになり、狭義の論理は根拠によって結論を支える「思考の道筋」ということになる。

論理を構成する2つの命題を既呈命題と次段階の命題として位置づける場合と、根拠と結論として位置づける場合の、用法およびニュアンスの違いについても付言しておこう。

〝したがって〟と〝なぜならば〟

論理を既呈命題と次段階の命題として表す場合は、まず一次の命題として既呈命題が提示され、その既呈命題から推論によって次段階の命題が導き出される論理展開になっている。まず有りきが、既呈命題である。そしてまず有りきの既呈命題から次段階の命題を導くための推論は、英語では inference と言う。この場合、既呈命題から次段階の命題は「したがって」という文脈で繋がれ得る論理になる。「三月も下旬になった。〝したがって〟もうすぐ桜が咲くだろう」という形の論理展開である。

一方、根拠と結論の組合せとして論理を構築する場合は、何らかの主張や結論を提示した上で、その主張や結論を支える理由として根拠が示される構造になっている。この場合は、まず有りきは結論である。そしてこちらの場合、根拠によって結論を支える理由づけとなる考えの道筋を、英語では reasoning と言う。この場合、結論と根拠は「なぜならば」で繋がれる文脈の論理になる。「彼はあの難関大学に合格するだろう。〝なぜならば〟地頭《じあたま》が良い上に熱心に勉強しているからだ」という形の論理展開である。

以上のように、「既呈命題＋inference＋次段階の命題」と、「結論＋reasoning＋根拠」とでは、論理展開の方向が逆向きになっているのである（左頁の図）。ただし、inference 型（〝したがって〟型）にせよ、reasoning 型（〝なぜならば〟型）にせよ、２つの命題

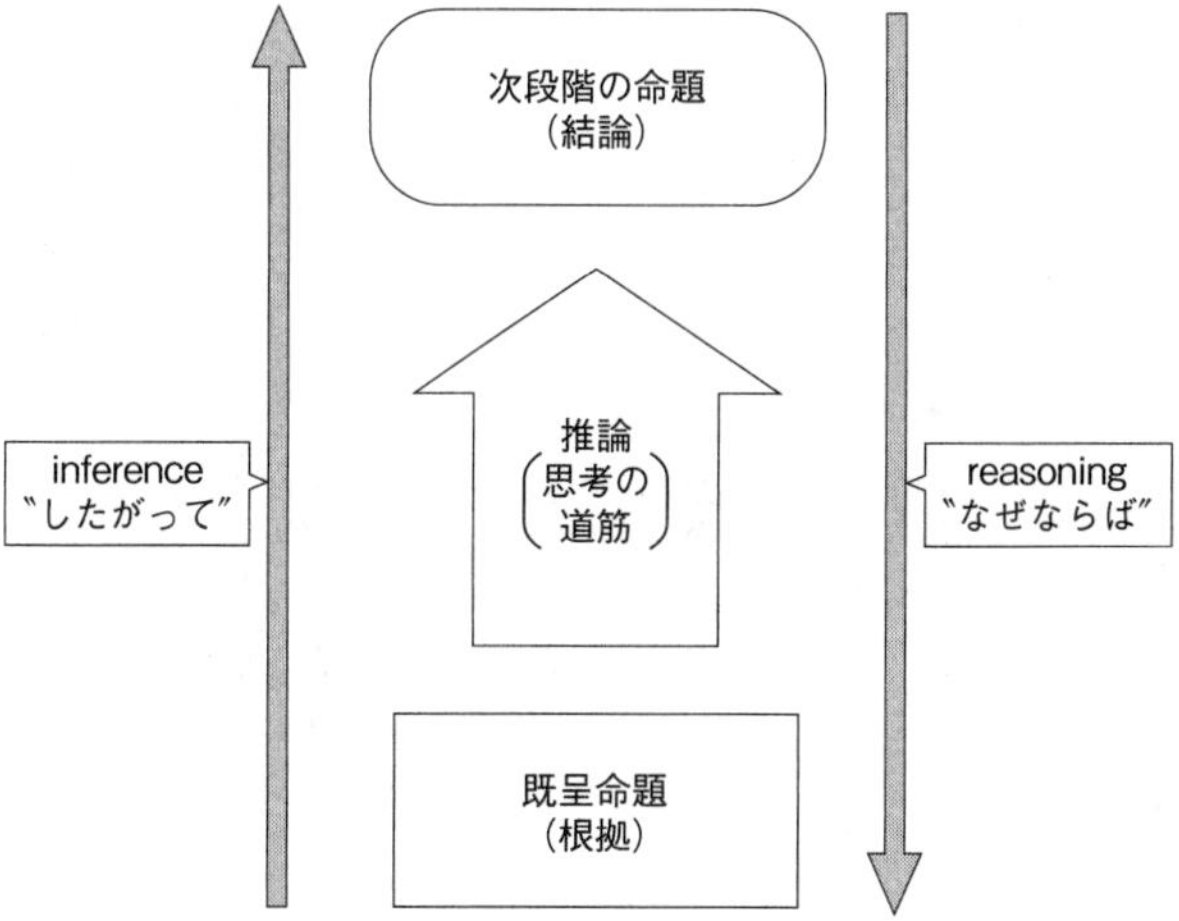

が推論あるいは理由づけという思考によって繋げられて論理が成立するという構造は同じであり、実際の論理構築においてはinference と reasoning とを厳密に使い分ける必要が無い場合も少なくない。たとえば、「三月も下旬になった。したがって、もうすぐ桜が咲くだろう」という論理展開は、「もうすぐ桜が咲くだろう。なぜならば、三月も下旬になったからだ」と言い換えても、また、「彼はあの難関大学に合格するだろう。なぜならば、地頭が良い上に熱心に勉強しているからだ」は、「彼は地頭が良い上に熱心に勉強している。したがって、あの難関大学に合格するだろう」と言い換えても、これらの論理展開の意味的構成はどちらもほとんど変わらないからである。

② 論理の成立要件

次に、推論型（inference）にせよ理由づけ型（reasoning）にせよ、論理が成立するための要件を示しておこう。論理が成立するための要件には、形式要件と意味的要件とがある。

まず端的にこれら2つの成立要件を示しておくと、

・形式要件は、「命題が2つ以上あること」である。

・意味的要件は、「2つの命題が推論（したがって）、あるいは理由づけ（なぜならば）によって、意味的に繋げられ得るものであること」である。

形式要件：2つの命題があること

まず形式要件から説明しよう。

論理を構成するのは、名詞や動詞といった単語ではなく命題でなければならない。命題とは「主語＋述語を持つ文」のことである（数式や論理記号の展開においては、「左辺と右辺が、＝、≠、＞、＜、∩、∪等の記号で繋がれた式」を命題とする）。そして論理を構成するためには命題が2つ以上必要である。2つ以上の命題が〝したがって〟あるいは〝なぜならば〟で繋がれた形で、論理と論理構造は成立するのである。

たとえば、「春が来た」「桜が咲いた」という2つの文（命題）があれば、「春が来た」+「したがって（気温が桜の開花温度に達して）」+「桜が咲いた」という風に論理（inference型）を構築できる。また、「桜が咲いた」+「なぜならば（気温が桜の開花温度に達する）」+「春が来たからである」という reasoning 型の論理構築も可能である。

しかし、論理を組むための材料が「春」とか「桜」とか「来た」といった独立の単語の場合は、〝したがって〟とか〝なぜならば〟で結びつけて意味を形成することができない。「春、したがって、来た」も「桜、なぜならば、春」も論理として成立していない。

念のために説明しておくと、この例では、「桜、なぜならば、春」が意味を成しているように感じる方もいるかもしれない。「桜、なぜならば、春」の方が「桜が咲いている。なぜならば、春が来たからだ」よりも、詩的で情緒に富んだ気の利いた表現に感じるかもしれない。しかし、「桜、なぜならば、春」で感じているのは、「桜が咲いている。なぜならば、春が来たからだ」と頭の中で言葉を補ってイメージしているからであろう。材料として提示された「桜」「春」に、「咲く」と「来た」という述語を頭の中で補って論理を想起したのである。「桜、なぜならば、春」は詩的表現であって、論理とは呼べない。論理を形成するためには、必ず2つ以上の命題が必要なのである。

意味的要件：文脈的繋がりがあること

次に、論理が成立するための意味的要件について説明しよう。

論理を成立せしめるためには、少なくとも2つの命題が必要であることを示したが、この2つの命題はどんな意味内容を持っていても良いというわけではない。2つの命題の持つ意味内容が、「したがって」あるいは「なぜならば」という文脈で繋がれ得るものでなければならない。

たとえば、

「春が来た。したがって、桜が咲く（だろう）」でもよいし、

「春が来た。なぜならば、桜が咲いている（から）」でもよい。

「今日の天気は曇りである。したがって（雨は降っていないから）、私は傘は持って行かない」でもよいし、

「今日の天気は曇りである。したがって（雨が降るかもしれないので）、私は傘を持って行く」でもよい。

この2つ目の例のように、「今日の天気は曇りである」という同じ既呈命題に対して、「私は傘を持って行かない」と「私は傘を持って行く」という全く逆の意味内容を持つ次段階の命題を繋げることもできる。この柔軟性は人間の想像力、思考力の賜物であり、論

理展開の自由度の大きさでもある。

しかし、どうしても意味的に繋げられない命題もある。

たとえば、「今日の天気は曇りである」という命題に対して、「タコの足は8本である」という命題を〝したがって〟や〝なぜならば〟を介して意味の成立する文脈を編むのは不可能である。

同じように、「今年の津軽りんごは甘い」と「終身雇用と年功序列は日本独自の制度である」は繋がらないし、「水は酸素と水素からできている」と「私は昨日焼肉を食べた」も繋がらない。こうした意味的に繋げようがない命題を「乖離《かいり》命題」というが、乖離命題では論理は成立しない。2つの命題が、〝したがって〟あるいは〝なぜならば〟で意味内容的に繋がり得るものでなければならないのである。

③「論理的である」とはどういうことか

前項では、論理は推論型(inference)にせよ理由づけ型(reasoning)にせよ、2つの命題が、思考の道筋が示された形で、意味的に繋げられて成立するということを示したが、その論理が「論理的である」と認められるためには追加の条件が必要になる。

客観的妥当性があること

ある論理が「論理的である」と認められるためには、その論理展開（推論、あるいは理由づけの思考の道筋）が客観的妥当性を有している必要がある。客観的妥当性とは、たとえば「水素と酸素が結合して水ができる」といった科学的正しさや、「民主主義国家においては、所得の多寡《たか》にかかわらず成人全員に選挙権が与えられるべきである」といった大多数の人によって正しいと判断・承認され得ることである。

したがって、先ほど挙げた「今日の天気は曇りである。したがって、私は傘を持って行く」という文章は形としては1つの論理として成立していても、論理的だとは認められない。この論理展開が正しいと全く認められないわけではないだろうが、必ずしも同意できない人も少なくないであろうからである。客観的妥当性を認めるには、正しさの度合いが足りないのである。

ちなみに、〝論理的である〟という意味の英語はlogicalであるが、このlogicalという言葉にはcorrect（正しい）とかvalid（有効な）という意味合いが含まれている。したがって客観的に正しいと認められる論理は、valid inferenceとかcorrect reasoningと表現される。言い換えるなら、単なる推論（inference）や理由づけ（reasoning）がlogicalである保証は無いということであり、その推論（inference）や理由づけ（reasoning）が客観的妥当性を満たしている場合にvalid inference、correct reasoningと認められて、「論理的である（logical）」と言うことができるのである。

受け手の理解が得られること

ある論理（推論、あるいは理由づけ）が〝論理的である〟と認められるための条件は、その論理展開が客観的妥当性を有していることであると説明してきたが、現実的にはさらにもう1つ条件がある。

〝論理的である〟ためのもう1つの条件とは、論理展開の文脈が受け手に理解され、納得されることである。

ある論理、すなわち「ある既呈命題から推論によって次段階の命題を導いた論理構造」、あるいは「ある根拠によって結論が支えられている論理構造」が客観的妥当性を有しているかどうかの判断を下すのは、その論理の提示を受けた側（その論理の読み手や聞き手）である。したがって、その受け手の理解力や判断基準に適合した論理展開でなければ、仮にその論理展開が数学的妥当性を満たす完全なものであったとしても、受け手の理解力不足、知識不足、感情による偏向等によって客観的に妥当とは認められない場合もある。

たとえば「$E = mc^2$、したがって、時間は可変である」という論理を提示されても、論理展開の妥当性を判断できる者はほとんどいないであろう。ある論理の客観的妥当性を判断するのは、全能の神でもアインシュタインのような天才でもなく、その論理を提示される受け手であるということに留意しておかなければならない。その際、受け手の知識と経験に合わせた言葉と言い回しの選択が不可欠であるし、もし可能であれば受け手の価値観や性格まで考慮した理路の設計をすることが望ましい。

実際に、受け手が小学生か大学生か、主婦か大企業の管理職か、コンピュータ・ソフトのプログラマーかオペラ歌手かによって、選択すべき言葉は異なる。また、合理性で判断する人と情理に重きを置く人とでは〝正しさ〟の基準も異なるし、大ざっぱな性格の人と神経質な人とでは納得してもらうための論理展開の稠密度《ちゆうみつど》まで異なる。

論理的〝思考〟は、そもそもは自身の頭の中で客観的妥当性を意識しながら論理を組み立てる行為である。この場合は可能な限り自身の主観を排することが論理的であることの条件となる。しかし、自身が構築した論理の客観的妥当性を実際の相手に理解してもらい、その論理展開が論理的であると承認してもらうためには、受け手の知識や理解力や判断基準といった主観性のファクターを考慮する必要があるのである。

以上、前節では「思考」と「思考によって得られるもの」、本節では「論理」と「論理的であるということ」について説明してきた。これらを総合して「論理的思考」の理解が可能になる。

論理的思考とは、「情報と知識を組み合わせて、客観的妥当性を有する思考の道筋によって、既呈命題から次段階の命題を導く、あるいは結論を根拠によって支える形態の命題構造を作り出すこと」なのである。

3 論理展開の方法

前節まで「論理的思考」を構成する「思考」と「論理」について説明してきたが、次に論理的思考において客観的正しさを担保することに適《かな》った論理展開の方法論やフォーマットを紹介・解説する。

「このような手順で、このような形式を満たしたプロセスから得られる結論と論理構造は、客観的正しさを持つ」という論理展開の方法論／フォーマットが存在する。

客観的正しさを担保することに適った論理展開の方法論とは、「演繹《えんえき》法」と「帰納法」であるが、両者は全く異なるプロセスとフォーマットを取る。またそれぞれの論理展開が成立するための条件も異なるし、それぞれによってもたらされる〝正しさ〟の性質も異なる。端的に言うならば、「演繹法」は純粋論理的な論理展開の方法論であり、「帰納法」は実証科学的な方法論である。

以下、「演繹法」と「帰納法」それぞれについて、論理構築のプロセスとフォーマット、論理構築に必要な条件と勘所、およびそれぞれがもたらしてくれる〝正しさ〟の性質について解説していく。

① 演繹法とは

まず純粋論理的な論理展開の方法論である「演繹法」について説明しよう。

演繹法とは、「既呈命題を前提と照らし合わせて、それらの意味的包含関係を判断することによって結論を導く論理展開」である。この時、既呈命題は外部から与えられるものであるが、その既呈命題から次段階の命題を結論として得るためには、思考者が前提を設定するというプロセスをとることになる。

例で示そう。

「AはBである」が既呈命題として与えられた時、「BはCである」を前提として提示することによって、この2つの命題から判断されるA、B、Cの包含関係から、「AはCである」という結論が成立する(左頁の図)。

この形式に則った論理展開が「演繹法」である。この例からも分かるように、演繹法に

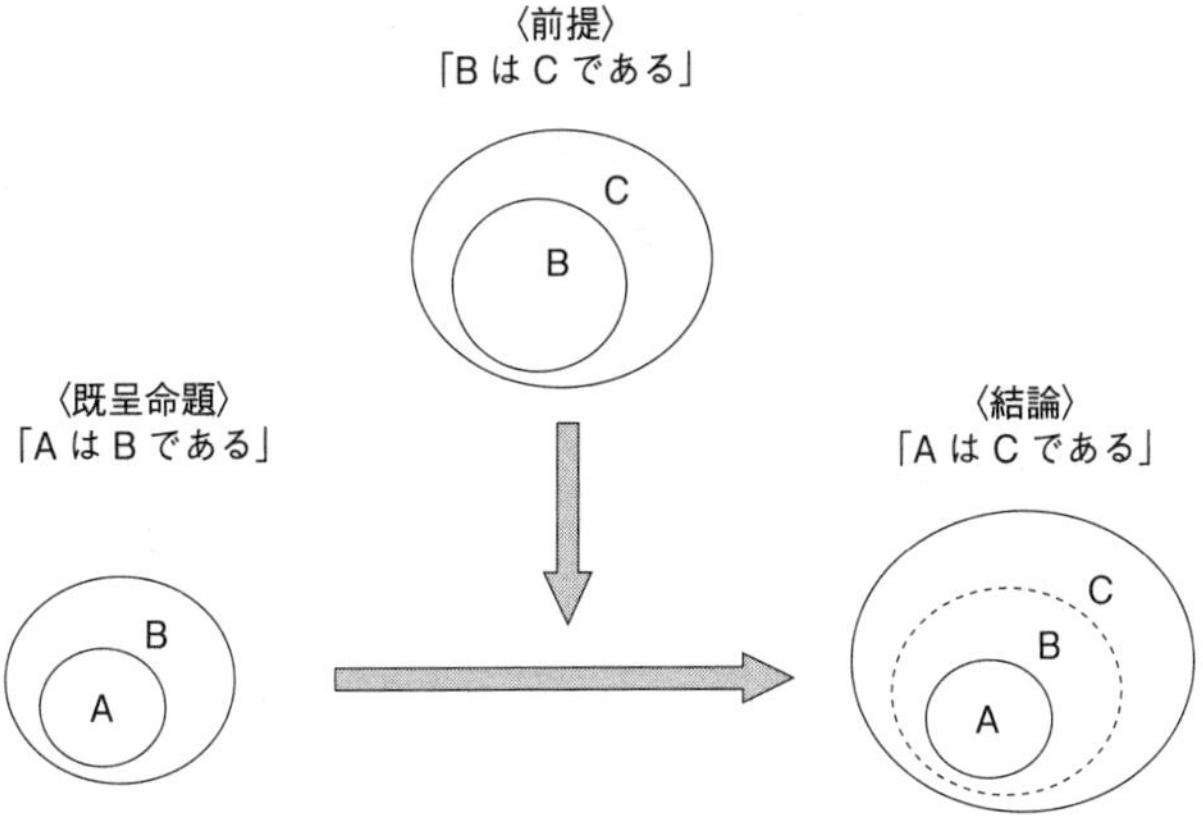

おいては、既呈命題→前提→結論と3つの命題が段階的に示される形式をとるので「三段論法」とも呼ばれる。

さらに具体例で示しておこう。

「イワシは魚類である」が既呈命題で、「魚類はエラで呼吸する」を前提とすると、「イワシはエラで呼吸する」という結論が成立する。この論理展開において行われている判断のプロセスは、「イワシは魚類に包含されていて、その魚類はエラで呼吸するので、魚類に包含されているイワシはエラで呼吸する」ことになるというものである(46頁の上の図)。

ここで留意しておかなければならないのは、既呈命題と前提の命題内容が組み換えられてしまうと、正しい論理は成立しなくなるという点である。

既呈命題が「イワシはエラで呼吸する」で、前

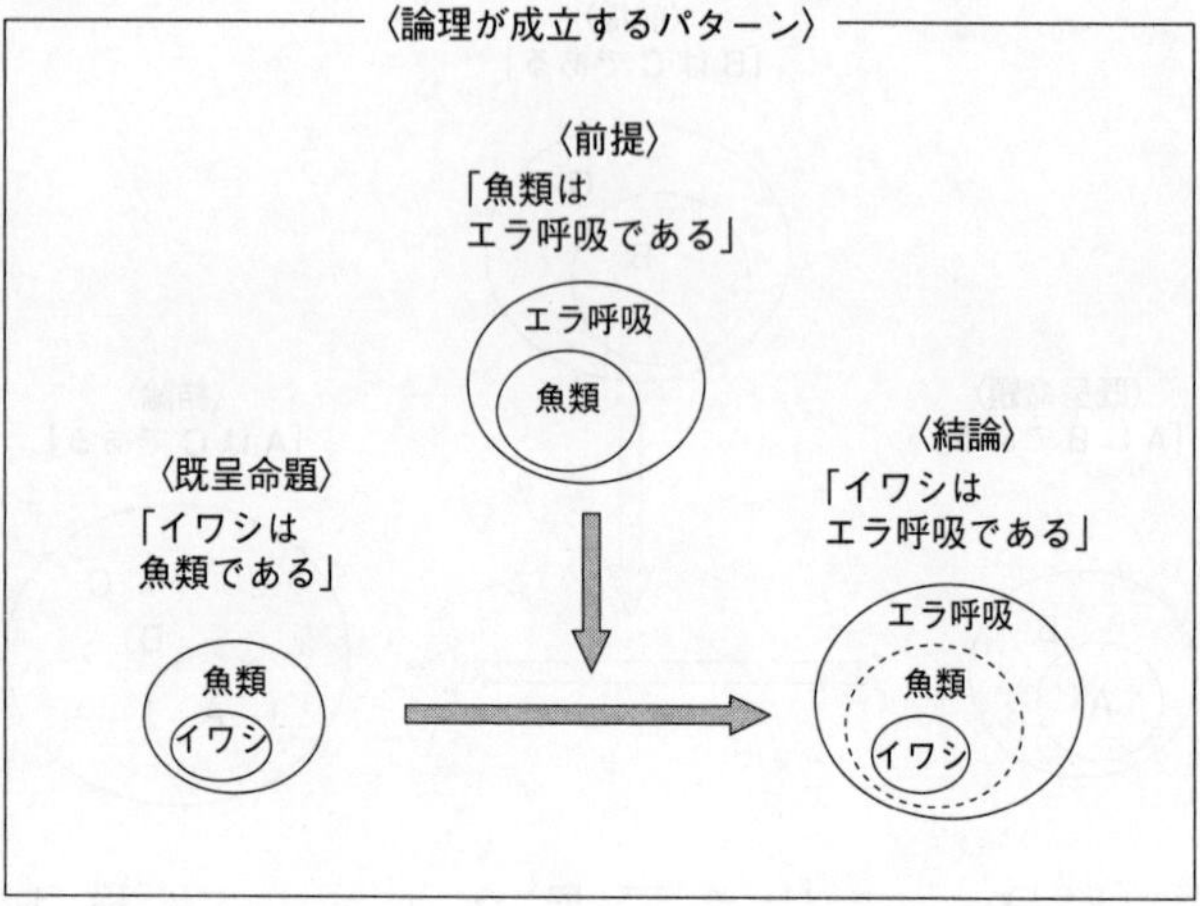
〈論理が成立するパターン〉
〈前提〉
「魚類は
エラ呼吸である」
エラ呼吸
魚類
〈既呈命題〉
「イワシは
魚類である」
魚類
イワシ
〈結論〉
「イワシは
エラ呼吸である」
エラ呼吸
魚類
イワシ

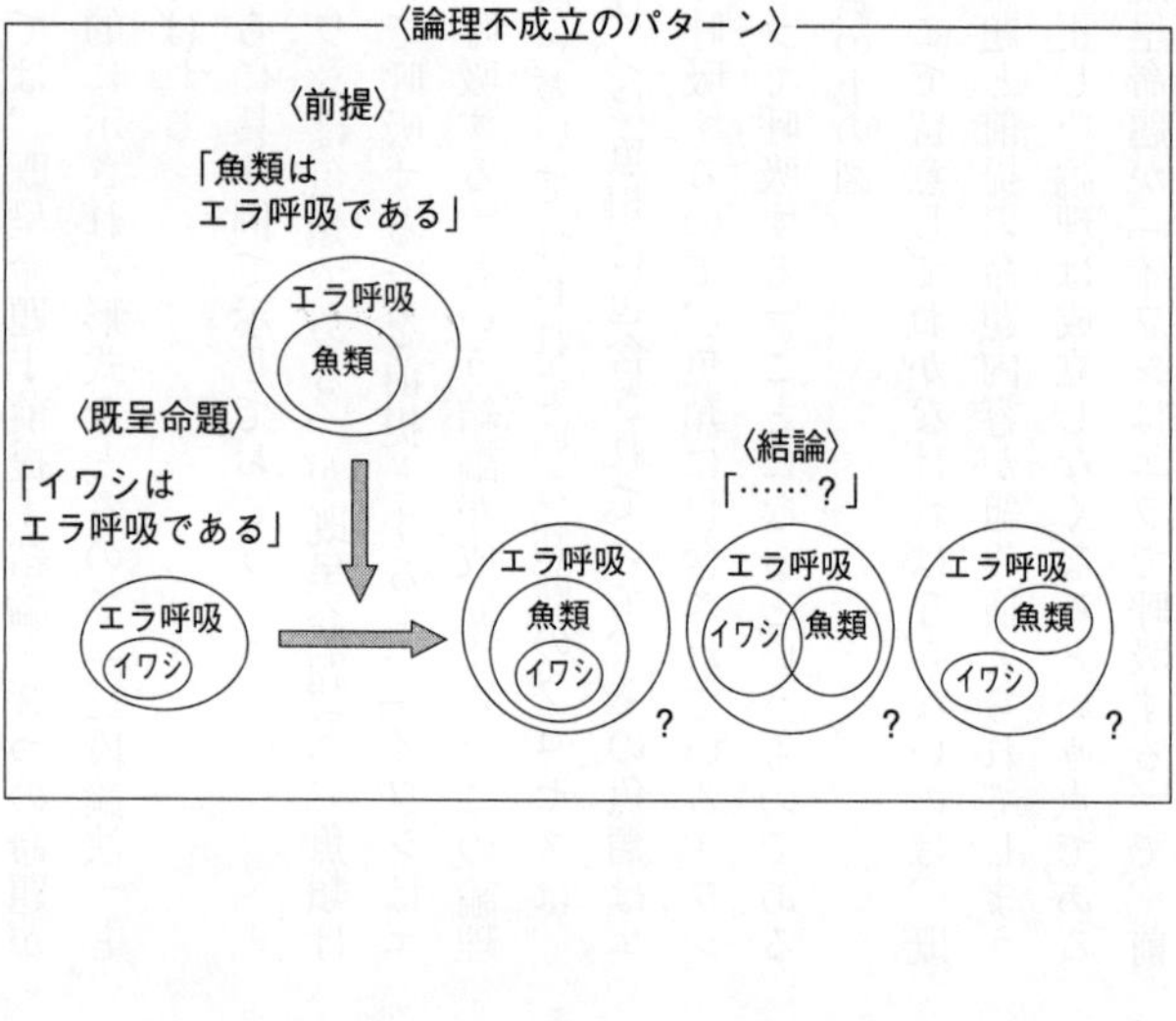
〈論理不成立のパターン〉
〈前提〉
「魚類は
エラ呼吸である」
エラ呼吸
魚類
〈既呈命題〉
「イワシは
エラ呼吸である」
エラ呼吸
イワシ
〈結論〉
「……？」
エラ呼吸
魚類
イワシ
?
エラ呼吸
イワシ
魚類
?
エラ呼吸
魚類
イワシ
?

提が「魚類はエラで呼吸する」であった場合、結論として「イワシは魚類である」は成立しない（46頁の下の図）。前提の「魚類はエラで呼吸する」という命題が示しているのは、「魚類はエラで呼吸するが、魚類以外の生物（たとえば、イカとかカニとか）もエラで呼吸する可能性を排除してはいない」ということである。したがって「イワシはエラで呼吸するからといっても必ずしも魚類であるとは限らない（イカやカニの仲間かもしれない）」。この場合の論理的に正しい結論は、「イワシは魚類かもしれないし、魚類以外かもしれない」ということになる。

以上のように、既呈命題と前提が示されれば、結論導出のプロセスは2つの命題の意味内容の包含関係の判断で完結する。つまり形式的に明快な判断が可能であるという意味で、演繹法は〝純粋論理的〟であると言える。

演繹法の使い方

ここまで演繹法による論理の組み立て方について説明してきたが、次に演繹法を正しく有効に使いこなすための勘所を解説しておこう。

演繹法において結論を導き出すための思考プロセスは、既呈命題と前提という2つの命題の包含関係の判断だけで完結するシンプルなものであった。そしてその包含関係の判断も、基本的には含まれるか・含まれないかというシンプルなものであり、その結果、演繹法による結論も真か偽かという明快なものとして得ることができる。

このようなシンプルさと明快さが演繹法の特徴であり利点でもあるのだが、こうした特徴および利点を持つ演繹法を正しく有効に使いこなすためにはある勘所を押さえておく必要がある。その勘所とは「適切な前提の設定」である。

先に説明したように、演繹法においては既呈命題から結論を導くための前提を思考者が設定するため、当然ながらその前提の適切さが論理展開の明快さや導かれる結論の内容を左右することになる。したがって、適切な前提を設定できるかどうかで、演繹法によってロジカルな論理展開が成立するかどうか、その論理展開によって正しい結論にたどり着けるかどうかが決まるのである。

前提が適切なものであるための要件は2点ある。第一の要件は「意味内容的に既呈命題を包含していること」、第二の要件は「意味内容が普遍的妥当性を有していること」である。

以下、これら2つの要件について具体的に説明していこう。

まず第一の要件である、「前提が意味内容的に既呈命題を包含していること」について説明しよう。

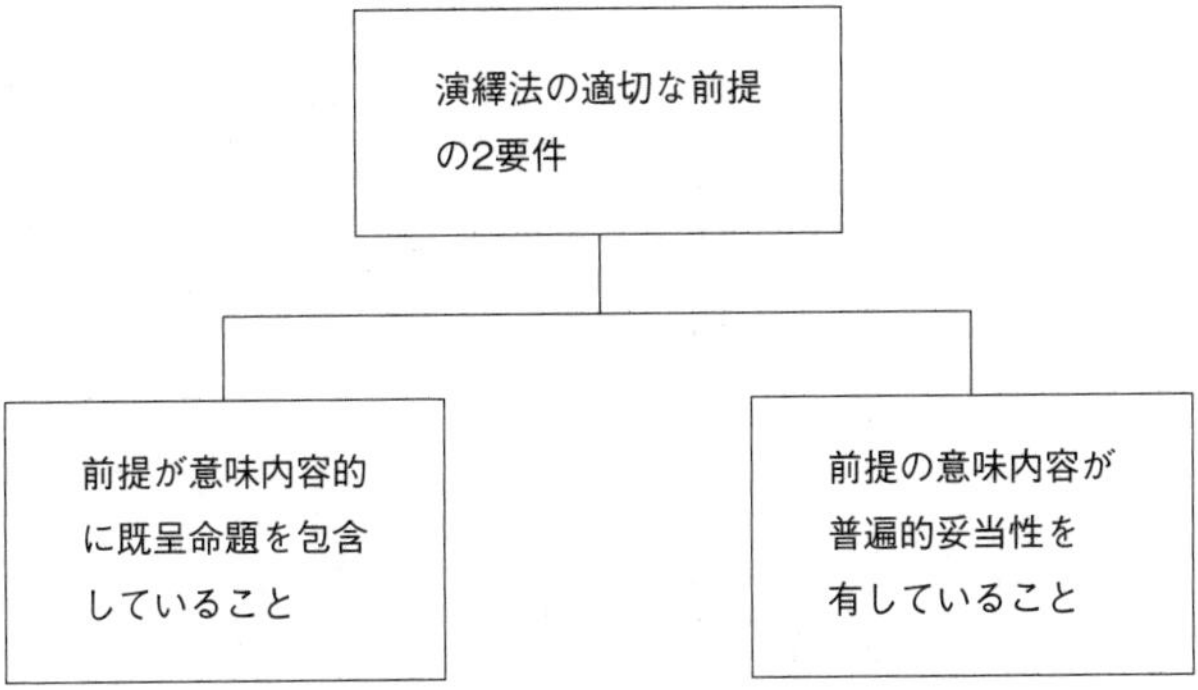
演繹法の適切な前提の2要件
前提が意味内容的に既呈命題を包含していること
前提の意味内容が普遍的妥当性を有していること

先にも示したように、演繹法の一般的命題形式（三段論法）は次の通りである。

既呈命題「AはBである」に対して、
前提として「BはCである」を設定すると、
結論「AはCである」が必然的に成立する。

この典型的な演繹法のプロセスにおいてなされている思考は、「AはBに含まれていて、そのBはCに含まれているのだから、AはBが含まれているCにも必然的に含まれていることになる」というA、B、Cの間の包含関係の判断である。つまり、演繹法において明快な結論が成立するためには、既呈命題で示された「AはBである」に対して、「Bは○○である」というように〝Bを主語にした命題〟を前提として設定しなければならないのである。

次に、演繹法の前提に求められる第二の要件である、「前提の意味内容が普遍的妥当性を有していること」について説明しよう。

演繹法の論理展開では、既呈命題「AはBである」に対して、前提「BはCである」が設定され、〝B〟を介して結論「AはCである」が導かれる。この時、前提として設定された「BはCである」が客観的妥当性を持ったものでなければ、「AはCである」という命題の客観的妥当性は当然成立しない。つまりこの場合、演繹法に基づいた形式的な論理展開は成立していても、万人が正しいと承認することができる結論にはならないのである。

事例を用いて説明しよう。

「A君は嘘をついた」が既呈命題の時、「嘘をつくのは悪いことである」が前提として据えられたとしよう。この2つの命題から導かれる結論は「A君は悪いことをした」となる。この結論は論理展開上、形式的には妥当なものであるが、万人を納得させられるだけの〝真〟なる命題かというと疑問の余地がある。

なぜなら、「A君がついた嘘は、相手を傷つけないためのものであり、またA君がついた嘘によって迷惑を被った者は誰もいなかったのだとすれば、A君は悪いことをしたとは言えない」という反論が出されると、先の結論は必ずしも真であるとは言えなくなってしまうからである。

この例では「嘘をつくのは悪いことである」という前提の意味内容が、万人が正しいと

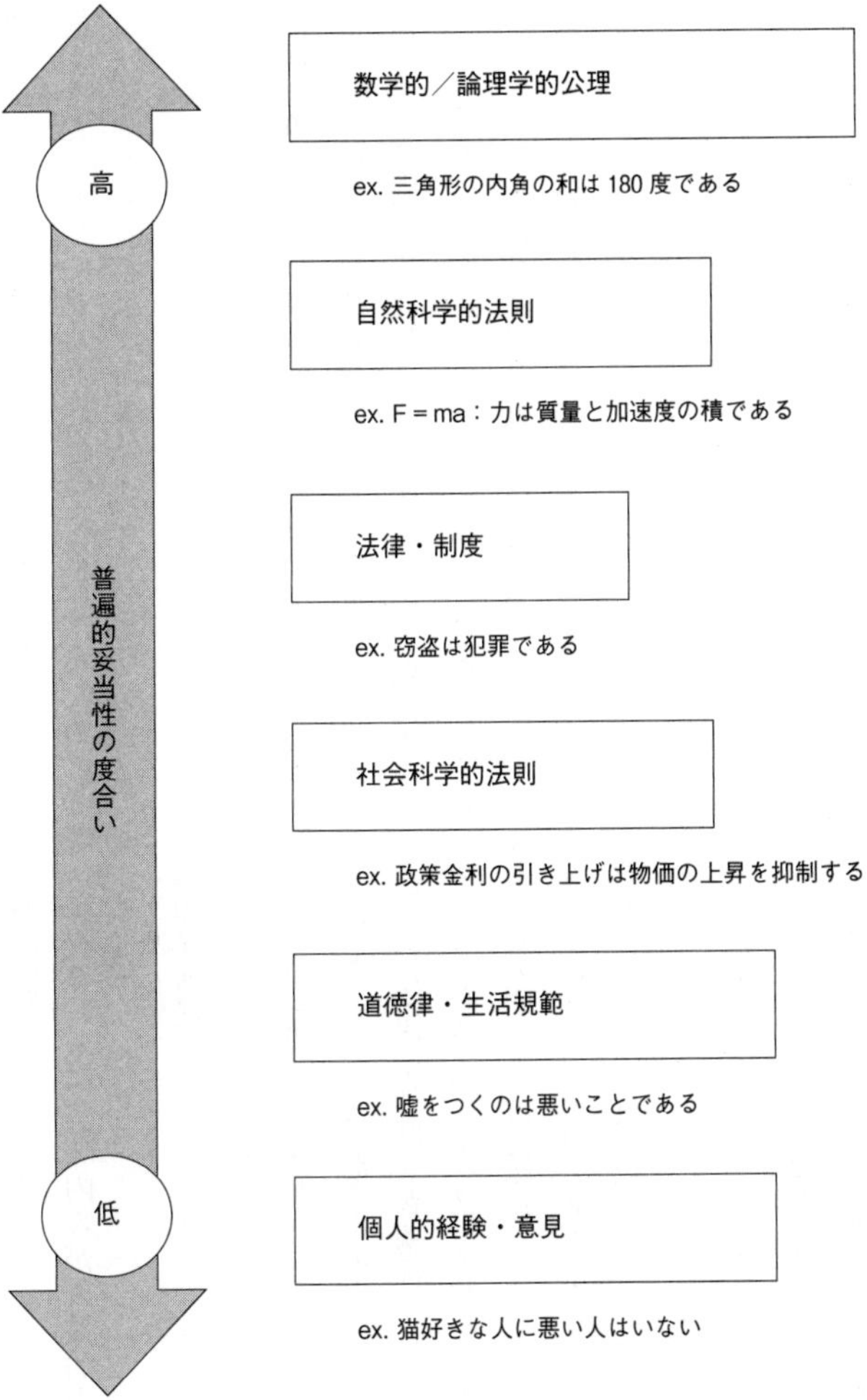
高
普遍的妥当性の度合い
低
数学的／論理学的公理
ex. 三角形の内角の和は 180 度である
自然科学的法則
ex. F = ma：力は質量と加速度の積である
法律・制度
ex. 窃盗は犯罪である
社会科学的法則
ex. 政策金利の引き上げは物価の上昇を抑制する
道徳律・生活規範
ex. 嘘をつくのは悪いことである
個人的経験・意見
ex. 猫好きな人に悪い人はいない

認めるだけの普遍性に欠けていたことになる。つまり、演繹法において客観的に正しい結論をもたらしてくれる命題構造を構成するために必要な前提は、その意味内容が普遍的妥当性を持つものでなければならないのである。

実際に演繹法によって論理展開する場合に有効な、適切な前提として認められる普遍性の高い命題には、「三角形の内角の和は180度である」というような数学的・論理学的公理を筆頭に、「F=ma：力は質量と加速度の積である」とか「哺乳類は肺呼吸で胎生である」といった自然科学的法則がある。またこれらと並んで、「窃盗は犯罪である」とか「民主主義国家においては、主権は国民が保持する」といった法律や制度も普遍性が高い。

ちなみに、社会的ルールの中でも「人間は生まれながらにして自由と平等の権利を有する」といった思想や価値観が反映されたものや、「政策金利の引き上げは物価の上昇を抑制する」といった社会科学的法則も、現実的には相当の普遍性を持つと見なしてもよいと考えられるが、先の公理や自然科学の法則と比べると普遍性のレベルはやや低い。これらに関しては議論の余地や反証の可能性があるからである。

さらに、「嘘をつくのは悪いことである」とか「年長者を敬うべきである」といった道徳律や生活規範の類いは、演繹法によって客観的正しさを持つ結論を導くための前提としては万人が納得できるほどの十分な普遍性を持つとは言い難い。ましてや、個人的な経験や意見といった属人性の高い命題を演繹法の前提に据えるのは妥当ではない。

演繹法という方法論では、既呈命題と前提との意味的包含関係のシンプルな判断だけで明快に結論が得られるわけであるから、適切な前提を設定できるかどうかが命題構造の質を決定づける。ここに示した2つの要件を満たした適切な前提を設定することこそが、演繹法を正しく有効に使いこなすための勘所なのである。

② 帰納法とは

次に、もう1つの論理展開の方法論である、実証科学的な性質の「帰納法」について説明しよう。

「帰納法」とは、「複数の観察事象の共通事項を抽出し、その共通事項を一般命題化して結論とする論理展開」である。

この時、「共通事項の一般命題化」の判断だけではなく、事前の「観察事象のサンプリング」も思考者が行うということを忘れてはならない。帰納法の論理展開は、まず「観察事象のサンプリング」を行い、次に「各観察事象に共通する事項を抽出して一般命題化する」という2つのステップから成るのである。

観察事象のサンプリングについては後に詳しく説明するので、ここではまず帰納法のコアプロセスである「共通事項の抽出と一般命題化」について、例を用いて説明しよう。

観察事象1：「イワシはエラで呼吸する」
観察事象2：「タイはエラで呼吸する」
観察事象3：「サケはエラで呼吸する」
観察事象4：「メダカはエラで呼吸する」

このように列挙された4つの観察事象について、まずは共通事項を探す。この例で言えば「エラで呼吸する」という部分がそれに当たる。

次に各観察事象の非共通部分である「イワシ」「タイ」「サケ」「メダカ」についての意味内容としての共通事項を判断する。すると、イワシもタイもサケもメダカも、全て「魚」であることが分かる。

そしてこれらの明示的な共通事項と非明示的な共通事項を組み合わせると、「魚はエラで呼吸する」という一般命題化された結論が得られるのである（左頁の図）。

このように、帰納法とは数多くの事象を観察することによって見てとれる共通事項を一般命題化する論理展開の方法論であり、演繹法が〝純粋論理的〟であったのに対して、帰納法は〝実証科学的〟な性質の論理展開である。

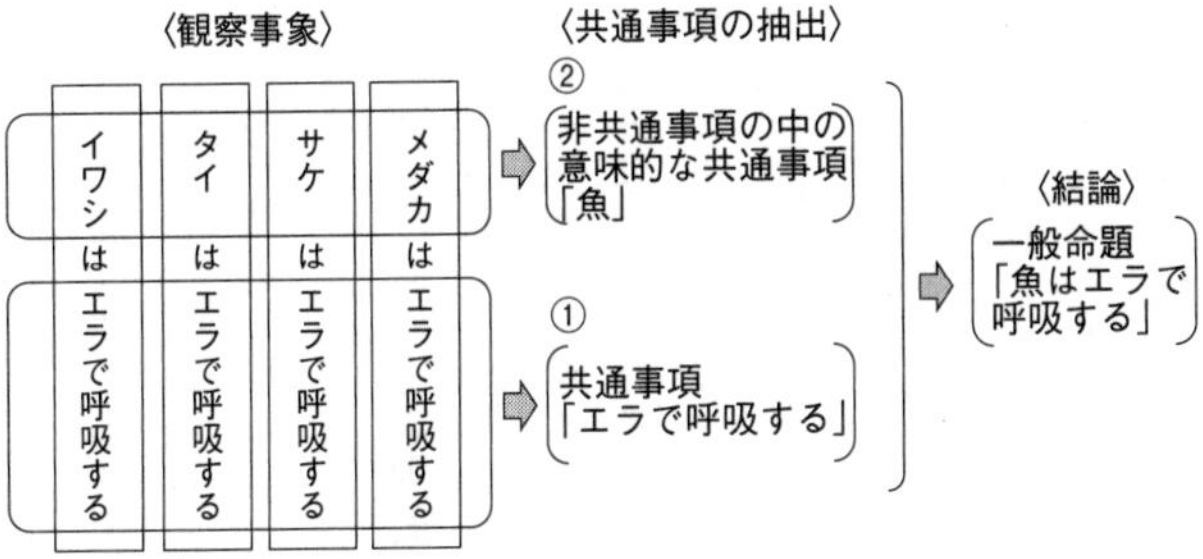
〈観察事象〉
メダカ は エラで呼吸する
サケ は エラで呼吸する
タイ は エラで呼吸する
イワシ は エラで呼吸する
〈共通事項の抽出〉
②
非共通事項の中の意味的な共通事項「魚」
①
共通事項「エラで呼吸する」
〈結論〉
一般命題「魚はエラで呼吸する」

帰納法の使い方

次に、帰納法を正しく有効に使うための勘所について説明しよう。

演繹法では「適切な前提」の設定が論理展開の可否と結論の正しさを担保する鍵であったように、この帰納法においても有効な論理展開と妥当な結論を導くための勘所が存在する。

帰納法の論理展開は、最初に「観察事象のサンプリング」を行い、次に「各観察事象に共通する事項を抽出して一般命題化する」という2つのステップから成るが、帰納法において妥当な論理展開と結論を得るための鍵は「適切なサンプリング」にある。

適切なサンプリングの重要性を理解するためにも、まずは帰納法の方法論としての性質・特徴について、演繹法と比較する形で説明しておこう。

先に、演繹法は純粋論理的、帰納法は実証科学的という説明をしたが、この基本的性質の違いはそれぞれの論理展開を行うことによって得られる結論の性質の基本的な違いを生み出している。どのような違いかというと、演繹法によって得られる結論は〝真か偽か〟で明快に判断することが可能であるのに対して、帰納法によって得られる結論は、その正しさの程度が〝強い／弱い〟で判断される性質のものなのである。

具体的に説明しよう。

帰納法において論理展開の判断の対象とされるのは個別具体的な現実事象の集合であり、またその集合も網羅的全数ではなく一部の事象をサンプリングによって集めたものである。したがって、純粋論理や公理の世界を判断の基準とすることができる演繹法と異なり、現実の世界に特有の様々な矛盾や例外を否が応でも扱わなければならない。たとえば、「哺乳類は胎生である」が、カモノハシという哺乳類は卵生であるという例外があったり、「人間は男か女のどちらかである」という分類にも両性具有者という例外がある、という具合いである。

こうした様々な矛盾と例外が存在する現実事象の一部を観察事象として集めて、それらを判断の材料にして一般命題化を行うのであるから、論理的に完璧に正しいとすることのできる〝真〟なる結論はほぼ成立しない。したがって、帰納法の結論の正しさを論じる観点を〝真か偽か〟とするのは適切ではない。帰納法による結論の正しさを論じるべき観点は、その結論が一般化命題として〝どれくらい確からしいか〟という基準で表すのが妥当なのである。そのため論理学の用語では、このような帰納法の結論の正しさの程度は〝強い／弱い〟で表すのである。

このように帰納法は、論理展開を行うための材料が具体的な現実事象であり、その事象に起因して得られる結論も、真偽ではなく強い／弱いで評価される性質を持つものである。要件を満たした命題構造さえ整えば純粋論理的な判断が可能で、結論も論理的に真なる命題を得ることができる演繹法との対比で、銘記しておくべきポイントである。

この点を踏まえた上で、帰納法においてより確からしい結論を得るための要件について説明していく。

先ほども示したが、帰納法においてより確からしい結論を得るための鍵となるのは観察事象の「適切なサンプリング」である。

適切なサンプリングの要件は2つある。1つ目の要件は、「何らかの共通事項が成立するような観察事象を揃えること」、もう1つの要件は、「対象群全体を代表するのに妥当な（全体をカバーしており、偏りの無い）事象を集めること」である。

まず1つ目の要件である「何らかの共通事項が成立するような事象を揃えること」について説明しよう。

これは「複数の観察事象の共通事項を抽出し、その共通事項を一般命題化する」という帰納法の論理展開上、ある意味当然のことではある。そもそも共通事項が存在しない観察事象群には、帰納法は適用できない。

たとえば、

観察事象1：「今年はサンマが豊漁である」

観察事象2：「政策金利が引き上げられたのでインフレ率が低下した」

観察事象3：「最近、新幹線の遅延発着が増加している」

観察事象4：「隣町のうどん屋は男性客よりも女性客の方が多い」

この4つの観察事象に対して、一般命題化し得るような共通事項を発見することは不可能である。このような観察事象群に対しては帰納法は適用できない。帰納法によって結論を導くためには、何らかの共通事項が含まれている事象を揃える必要があるのである。

参考までに、演繹法における既呈命題と前提との関係を思い出していただきたい。前提に据える命題が既呈命題に対して乖離命題であったら、結論を導き出すことは不可能であった。帰納法において、各観察事象に何らの共通事項も存在しないというのは演繹法におけるこの問題と同じように理解することができる。すなわち、演繹法において既呈命題と前提とが意味的交わりを持つからこそ論理が成立するように、帰納法においては各観察事象に共通事項があるからこそ論理が成立する。つまり、論理は対象とする命題間に意味の交わりがあってこそ成立するのである。

次に「適切なサンプリング」のもう1つの要件である「対象群全体を代表するのに妥当な事象を集めること」について説明しよう。ここで言う、〝全体を代表するのに妥当〟というのは、対象群全体をカバーするに足る「十分なサンプル数が揃っている」ことと、「サンプルの集め方に偏りが無い」ことである。

たとえば、自分が会ったことのあるアメリカ人が10人で、その10人が全て金髪であったとしても、帰納法的結論として「アメリカ人は全員金髪である」という一般化を行うのは無理がある。人間の髪の毛の色には、黒、茶、金、白、等々が相当の比率で存在し、かつ母集団であるアメリカ人の数が3億人以上で、しかも様々な人種で構成されているという前提では、いかなる無作為抽出をしてもサンプル数が10人では全く足りない。対象群全体の母数のスケールと分類され得るクラスター（集団）の数や比率によって、そうした対象群の姿を代表し得る最低限のサンプル数が、統計的計算によって規定されるのである。

「適切なサンプリング」が損なわれるケースには、このようにサンプル数自体が不足している場合の他に、もう1つ「バイアス（偏り）のあるサンプリング」がある。たとえば、インターネットによるアンケート調査だと、世の中全体の構成と比較して様々なバイアスがかかる。インターネットをよく使っている人は、情報に対して積極的であるとか、学歴・所得が比較的高いとか、年齢が若い等々である。また、インターネットではなく電話調査だと、近年では固定電話を使っている人はむしろ稀であるとか、年齢が比較的高いとか、単身者世帯が少ない等々といった、インターネットの場合とは異なる、また別のバイアスがかかることになる。

さらに言うと、そもそもアンケート調査自体、アンケートに答えてくれる人たちの性格や行動特性というバイアスがかかっていることになる。新聞社が行う世論調査のサンプリングはかなり厳密な無作為抽出による選定を行ってはいるが、世論調査に対して協力的であるという特性を持つ人たちの声だけで結果が決まってしまうことになる。世論調査の依頼を断って答えない人たちの声がそっくり抜け落ちてしまっているのだ。

アンケート調査では、手段がインターネットなのか、電話なのか、対面なのかとか、要する時間が1分なのか、10分なのか、30分なのかとか、謝礼が出るのか出ないのか等々で、どうしても様々なバイアスがかかってしまう。全数調査でもしない限り、アンケート調査はバイアスから完全に解放されることは無いと心得ておくべきである。

帰納法によって確からしい結論を得るためには、観察事象の母集団の大きさや特性毎のサブ集団の大まかな構成、および特性のばらつきを考慮した上での必要十分なサンプル数を確保することと、観察事象を集める上でのバイアスの介在に十分に配慮したサンプリングが極めて重要である。帰納法においては、集められた観察事象の意味内容の中でしか結論は成立し得ないのであるから、サンプリングの的確さがそのまま結論のクオリティを決定するのである。

演繹法と帰納法の関係

演繹法は純粋論理的、帰納法は実証科学的と説明すると、論理的思考においては演繹法の方が論理的厳密性の高い優れた論理展開で、帰納法は論理的思考における有効性が低いのではないかと考えてしまうかもしれない。

しかし、全くそのようなことは無い。

実は演繹法において前提として設定される一般化命題は、帰納法によってのみ論証・構築され得るものである。すなわち、世の中で一般に正しいと認められているもののうち、純粋論理の所産である数学や論理学の公理や定理を除いて、全ての自然科学や社会科学の定理や法則は、現実の事象を集めた中から結論を抽出する帰納法によって実証されて成立しているものなのである。

人間は観察と実験によって森羅万象の中の法則や因果関係をわがものにしてきた。ニュートンの法則も、DNAの構成と機能も、金利と物価の関係も、全て観察と実験による実証科学的アプローチによって、すなわち帰納法によって法則と方程式が打ち立てられてきたのである。そして、森羅万象の中から帰納法によって導き出されたそれらの一般化命題が万人に認められるだけの普遍性が立証された時点で、演繹法における正しさの根拠を担うことのできる「前提」となる資格を得るのである。

演繹法において既呈命題を「前提」と照らし合わせて、既呈命題が前提に包含されていればその結論が真だと判断できるのは、その「前提」が確かに正しいと万人に認められているからこそである。したがって、現実の中から帰納法によって抽出した一般化命題を「前提」にして展開される演繹法は、その「前提」が正しくなければ論理展開から導かれる結論の正しさも担保されない。つまり、結論が明快で純粋論理的に見える演繹法も、帰納法によって抽出された「前提」に依拠して成立しているのであるから、演繹法も帰納法と同じだけの不確実性にさらされていることになるのである。

演繹法と帰納法は、論理展開の方法論としては全く別のものではあるが、演繹法における結論の正しさを担保している前提は帰納法によって生み出されたものであるという関係で、両者は密接に結びついているのである。

③ 正しさの条件

ここまで演繹法と帰納法とはどのような論理展開の方法なのか、またそれぞれの論理展開を正しく使いこなすための勘所について説明してきた。これらは正しい論理展開を行うためのノウハウであって、いわば人が論理的思考によって正しい結論を得るための必要条件である。

では、正しい結論を得るための十分条件とは何か。どのような条件が整えば、人は思考によって正しい結論を得ることができるのか。

本章の最後に、論理的思考によって正しい結論を得るための条件、すなわち「正しさの条件」について解説しておこう。

客観的正しさと論理的正しさ

正しい結論を得るための条件を正確に理解するためには、まず〝正しい〟ということ、つまり「正しさ」の定義が必要である。

これまで本書では、〝客観的正しさ〟〝万人が認め得る正しさ〟〝論理的正しさ〟〝形式的正しさ〟〝強い確からしさ〟等々、「正しさ」について、文脈に応じて様々な表現を用いて

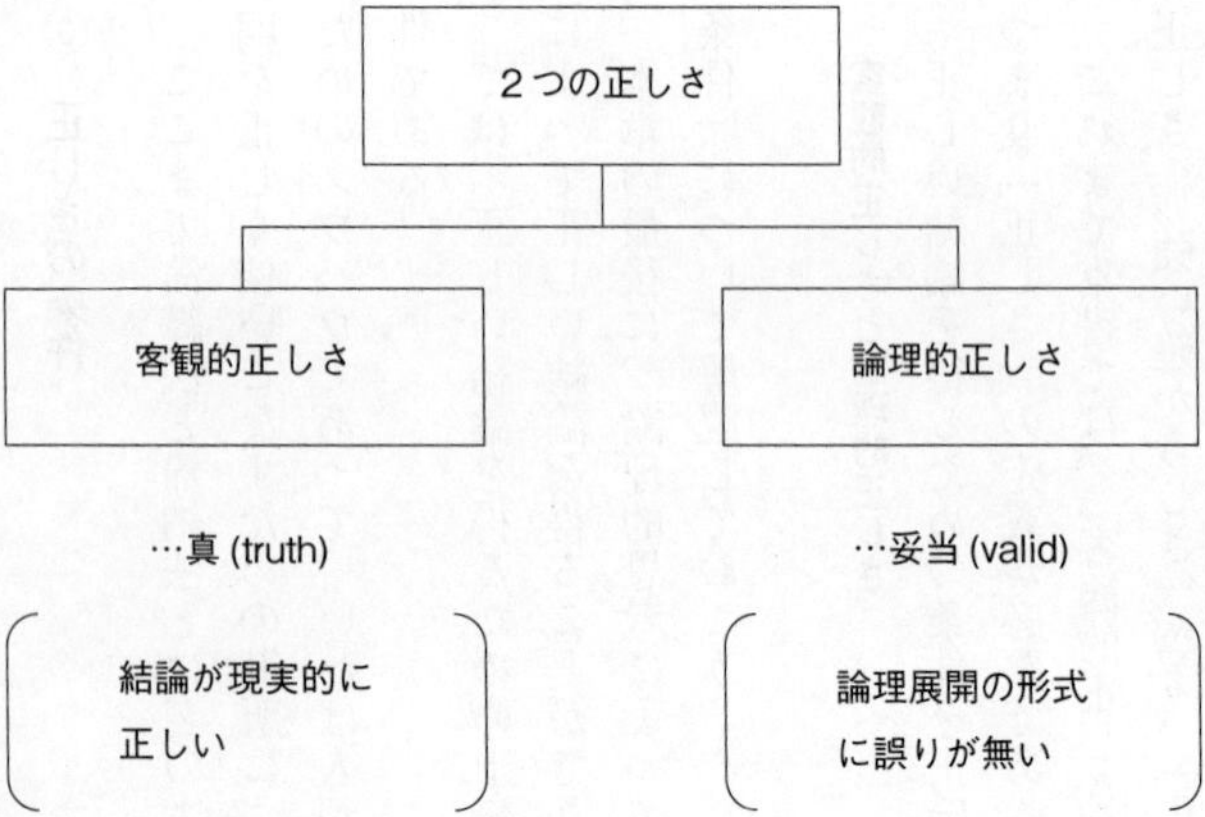

きた。ここではまず、これらの表現で示されている「正しさ」を整理して、論理的思考を行う際に理解しておくべき「2つの正しさ」を示しておこう。

結論から言うと、「2つの正しさ」とは、「客観的正しさ」と「論理的正しさ」のことである（上の図）。

「客観的正しさ」とは、論理学では〝真〟(truth)と呼ばれる正しさで、万人が認め得る正しさであり、かつ現実的事実に合致した正しさである。

一方、「論理的正しさ」は「形式的正しさ」と理解してもよいであろう。つまり演繹法、帰納法の論理展開において、方法論的形式を満たしているという意味での正しさである。具体的には、演繹法においては既呈命題と前提の意味的包含関係が適切に判断されていることであり、帰納法においては複数の観察事象における共通事項が適切に抽出されていることである。そして、こうした論理展開の方法論的形式を満たしているという意味での正しさは、論理学では〝妥当〟(valid）と呼ばれ、〝真〟(truth）とは区別される。

このように意味するところが異なる「2つの正しさ」があるため、適切な論理展開によって得られた〝妥当〟な結論であっても〝真〟ではない、つまり客観的には正しくないということは多々ある。

たとえば、「テングダケは毒キノコである」が既呈命題、「毒キノコは食べられない」を前提とすると、「テングダケは食べられない」というのが演繹法によって導き出される結論である。この結論は論理的には正しい、つまり〝妥当〟(valid）な結論ではあるが、現実的には正しくない、つまり〝真〟(truth）ではない。テングダケは毒抜きをして実際に食べることができるからである。

ちなみにこの事例の場合、結論を「テングダケは食べられる」としたとすると、論理展開は妥当ではないが〝真〟(truth）となる。ただし、誤った論理展開によって真なる結論を得ても、それは偶然であり、論理的思考としては価値が無いことは言うまでもない。

帰納法においては、論理的正しさと客観的正しさとのギャップはより明白であろう。

「アメリカ人のAさんは金髪である」

「アメリカ人のBさんは金髪である」
「アメリカ人のCさんは金髪である」
「アメリカ人のDさんは金髪である」

という観察事象からは、「アメリカ人は全員金髪である」という結論を導き出すことができるが、この結論は論理展開上は妥当であっても、現実的には当然正しくない。

このように、正しい論理展開を行ったとしても、客観的に正しい結論が得られるわけではない。「論理的妥当性」という正しさは、「客観的正しさ」の必要条件に過ぎないのである。

ファクトとロジック

では客観的に正しいことを結論として得るために妥当な論理展開、すなわち「ロジック」に加えてさらに必要なものは何か。

答えは「ファクト」(事実) である。

「ファクト」と「ロジック」が両方揃っていてこそ、論理的思考によって客観的に正しい結論を得ることができる。妥当な論理展開、すなわちロジックと、そのロジックを適用する対象の思考材料および情報が現実的事実に合致していること、すなわちファクトである

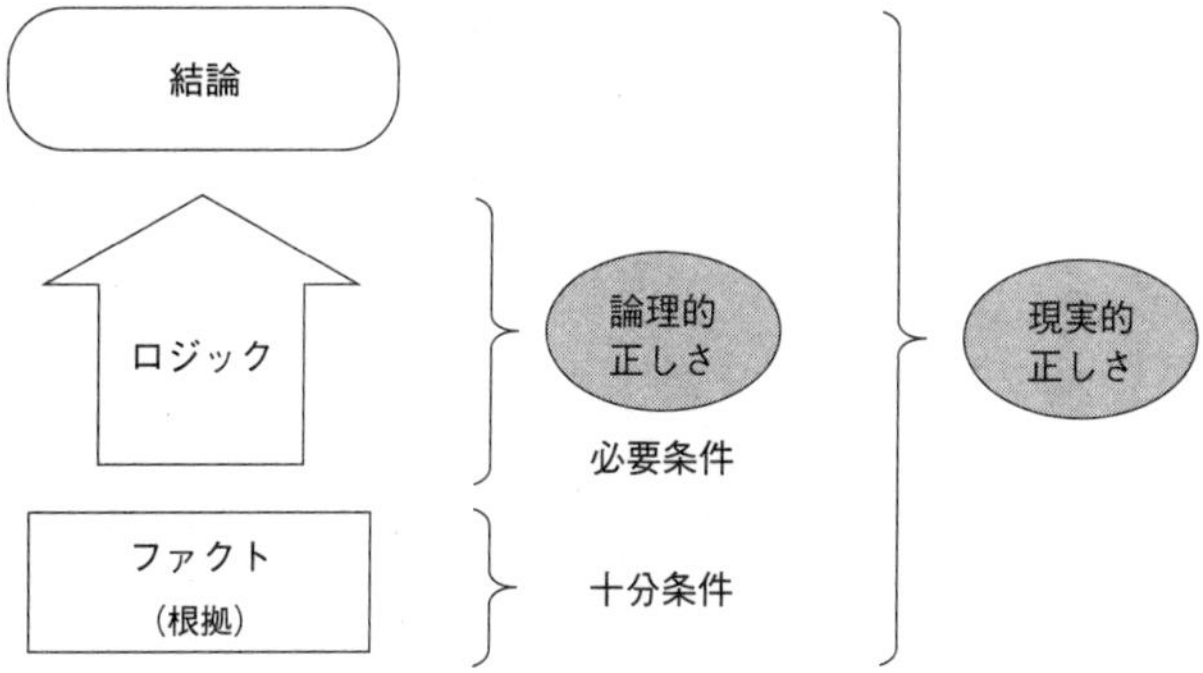

ということの2つの条件が揃ってはじめて現実的に正しい結論が得られるのである。

たとえば先ほどの例であれば、「毒キノコは食べられない」という前提がファクトではなかったので、論理展開の形式的妥当性は満たしていたものの、現実的に正しい結論を導けなかったのであり、「アメリカ人のAさんもBさんもCさんもDさんも皆金髪である」という観察事象群も、アメリカ人の髪の毛の色のファクトを代表させる適切なサンプリングができていなかったために、誤った結論を導いてしまったのである。

このように客観的に正しい論理的思考を支えるのは「ファクト」と「ロジック」であること、そして「現実的に正しいことだけが、本当に正しい」ということを銘記していただきたい。

複雑で、しかも常に変化する現実の事象を対象に論理展開を行う場合、不十分な情報と不完全な知識・経験を以《もっ》て臨まなければならない。このような不確実性に満ちた状況にあっては論理を打ち立てる土台は揺らぎ、論理を展開していく方向は曖昧模糊《あいまいもこ》としている。このような時、思考者を正しさへと導いてくれるのは、「現実的に正しいことだけが、正しい」という大原則と、「ファクト」と「ロジック」に裏打ちされた論理展開の能力なのである。

ここまで、第I章では論理的思考の概要について総括的に解説してきた。まず、論理的思考を構成する「思考」および「論理」と「論理展開」について解説し、最後に論理的思考によって正しい結論を得るための要件として「ファクトとロジック」の大原則を示した。以上が、簡潔ではあるが論理的思考の全容である。次章では本章で解説した「論理的思考とは何か」を踏まえて、〝良く〟論理的思考を行うためのスキルについて紹介・解説する。

第Ⅱ章

論理的思考のコアスキル

3つのコアスキル

第Ⅰ章では、論理的思考とはどのような行為なのか、論理的思考にはどのような方法論があるのか、そして論理的思考によって正しい結論および思考成果を得るためにはどのような条件が必要なのかについて説明した。

第Ⅱ章では、そうした論理的思考を上手く行うためのスキルを紹介し、解説する。

本章で提示する論理的思考を上手く行うための主要なスキル、すなわち論理的思考のコアスキルは3つある。

1つ目のコアスキルは、思考している意味内容を的確に言葉で表すための**「適切な言語化」**スキルである。

われわれは思考によって、情報の持つ意味や概念を知識と照らし合わせて新しい意味を導いたり、繋ぎ合わせて次段階のメッセージを立論している。このプロセスにおいて、意味や概念を思考の材料として扱えるようにしているのは言葉である。われわれは言葉によって思考しているのである。したがって、五感を通じてキャッチされた情報・イメージや頭の中で想起された意味内容を的確な言葉で表すことができてこそ、正しい思考が可能になり、妥当な論理展開が可能になるのである。

言葉は意味の容れ物である。そして意味は言葉によって表現されてこそ思考の材料となる。その意味において「適切な言語化」は思考行為そのものなのであり、論理的思考を成立せしめるための最も基本的なコアスキルなのである。

2つ目のコアスキルは、事象を構成要素に**「分ける」**スキルと、ある事象と別の事象を意味やイメージの連関性によって**「繋げる」**スキルである。

そもそも人がものを考えて何かを分かるという行為は、考察対象の構成要素を自分の知識・経験と照らし合わせてみて、両者が整合的に符合した時に「分かった」と感じるものである。たとえば、ある軟体動物の足の本数を数えてみて、足が10本だということが確認できれば、10本足の軟体動物はイカであるという知識と符合し、この生物はイカだと分かる。しかし、足の数ではなくその生物の目の直径や網膜の細胞の数が分かっても、普通の人にはそれがイカなのかどうかは分からない。このように、ものを分かるためには、自分の知識や経験と上手く符合するように考察対象を「分ける」スキルが必要である。つまり、上手く「分ける」ことができるかどうかで、「分かる」かどうかが決まることになるのだ。

また、人が思考によって論理を展開するということは、ある命題に対して何らかの意味的連動性を以《もっ》て次段階の命題に「繋げ」て新しいメッセージを導き出すことである。すなわち、論理展開とは妥当な意味的連動性によって命題を次々に「繋げ」ていくことなのである。したがって、ある事象に対してどれくらい多様な事象と意味的連動性を以て「繋げる」ことができるかが、その人の思考の範囲と射程を決めることになる。その意味では、考えるとは「繋げる」ことと言えるのである。

このように、論理的思考とは事象や知識を「分ける」ことと「繋げる」ことで成り立っているのであり、「分ける」スキルと「繋げる」スキルは、論理的思考における情報処理の中核を成すコアスキルなのである。

3つ目のコアスキルは論理的思考に現実的有効性を与えるための**「定量的な判断」**スキルである。

実際の生活や仕事において論理的思考を行う場合、その結論が100%正しいとか100%誤っているというようなケースはほとんど無い。論理演算の結果が明快に真か偽で得られる数学や記号論理学の問題とは違って、実際の思考の対象となる現実的な課題は様々な事象の因果関係が複雑にからみ合って生起しており、明確に真偽を決するにはあまりにも不確実性が高いためである。

ブラジルでの蝶の羽ばたきがテキサスにハリケーンをもたらすかもしれない複雑で不確実な現実世界において論理的思考を行おうとすると、真偽を追求する論理演算ではなくて、蓋然性の高低を問う判断連鎖にならざるを得ない。つまり現実的な事象を対象にした思考においては、事象と事象、命題と命題を単に意味的連動性によって繋げて論理展開を行っ

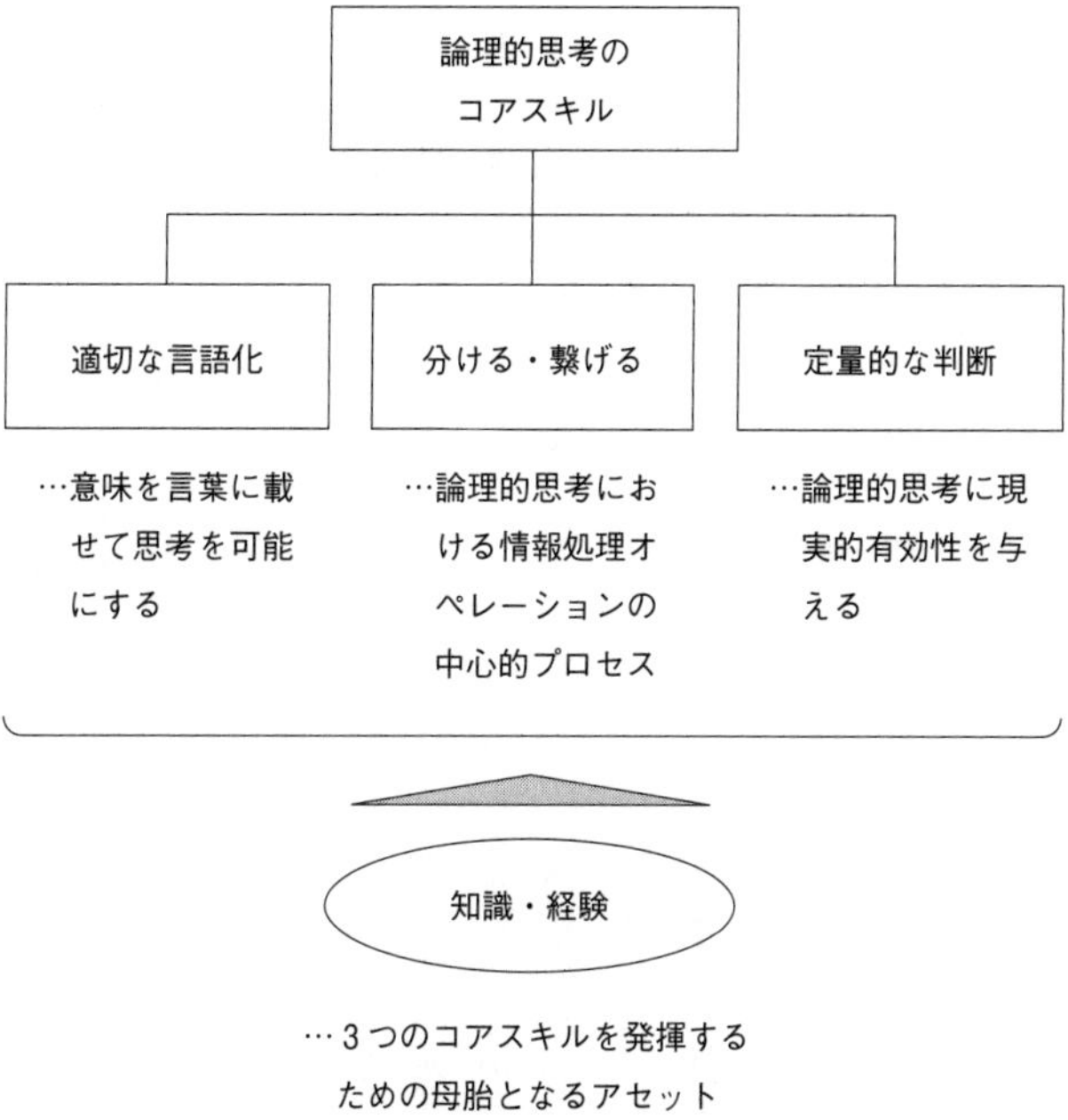
論理的思考の
コアスキル
適切な言語化
分ける・繋げる
定量的な判断
…意味を言葉に載せて思考を可能にする
…論理的思考における情報処理オペレーションの中心的プロセス
…論理的思考に現実的有効性を与える
知識・経験
…3つのコアスキルを発揮するための母胎となるアセット

ても十分に正しい結論に至る保証は無い。正確に言うと、その正しさの度合いがどれくらいのものなのかが分からない。「風が吹けば桶屋が儲かる」というが、どれくらいの風が吹いたらどれくらいの桶屋がどれくらい儲かるのかは、事実間や命題間の意味的連動性の繋がりだけでは把握できないということである。

こうした現実的な論理展開を行おうとする時に、どの方向へ論理を展開していくのが筋が良いのか、辿ってきた論理によって得られた結論がどれくらいの蓋然性を以て正しいと言えるのかを支えてくれるのが「定量的な判断」のスキルである。「定量的な判断」のスキルは、論理的思考に現実的有効性を与えてくれるコアスキルなのである。

そして以上の3つのコアスキルを十全に発揮するためには、知識と経験というアセット（蓄積されたもの・資産）が必要になる。「適切な言語化」は事象の意味内容を正確に表す言葉を知らなければ正しく行えないし、「分ける・繋げる」も事象と照らし合わせるべき有効な知識や経験を持ち合わせていなければ何もできない。また「定量的な判断」も現実の事象の定量性や確率・統計の概念を知らなければ不可能である。このように、全てのコアスキルの母胎となるものが、広い知識と様々な経験というアセットなのである。

以下、意味を言葉に載せて思考を可能にするための「適切な言語化」スキル、論理的思考における情報処理オペレーションの中心的プロセスを成す「分ける」スキル・「繋げる」スキル、論理的思考に現実的有効性を与えてくれる「定量的な判断」スキル、およびこれら3つのコアスキルを発揮させるための「知識・経験」のアセットの順に解説していく。

1 「適切な言語化」スキル

〝天才の最も完成された形〟と評されたヴィトゲンシュタインという哲学者がいる。彼が残した有名な言葉に、「語り得ぬものについて、われわれは沈黙せねばならない」というものがある。また彼は、ほぼ同じような意味を持つ「私の言語の限界が私の世界の限界を意味する」という言葉も残している。

天才的哲学者がここで言っているのは、「思考とは言葉によって成立する」ということである。第I章において、思考とは情報と知識を加工する行為であるという説明を行ったが、このことを「思考とは言葉によって成立する」というヴィトゲンシュタインからのメッセージに照らして解題すると、目に見える情景や聞こえてくる音も、その情報の意味を表す言葉を想起できてこそ、思考の材料となり得るということである。逆に言うと、知覚した情報や認知したイメージの意味内容を言葉で表すことができなければ、他の情報や知識と繋ぎ合わせて意味合い《メッセージ》を得ることができず、思考の材料として使えないということなのである。

たとえば、眼前一面に広がる黄色い花を見て、その花が「菜の花」であるというラベリングを行うことによって、「春の花である」とか、「観賞用、食用、搾油用がある」とか、「モンシロチョウが飛んでくるかもしれない」といった、〝菜の花にまつわる他の情報・知識〟と結びつけることができる。もし目の前の花がただの〝黄色い花〟としか認知できなければ、そうした他の情報・知識と結びつけられることはなく、思考のプロセスには乗らない。せいぜい「きれいだな」と感じるだけである。

人間が思考するというのは、情報と知識を照らし合わせたり繋ぎ合わせたりして何らかの意味合いを紡ぎ出す行為であるが、そうした情報および知識という思考の材料は「言葉」になっていてこそ思考の材料足り得るのである。

したがって、論理的思考を良く行うためには、考える対象の意味内容を適切に言語化することが必要不可欠となるのである。

「適切な言語化」は3つの段階によってなされる。

まず第一に**「言葉の選択」**、すなわち、思考している意味内容を的確に表す言葉を探し、選び取ることである。

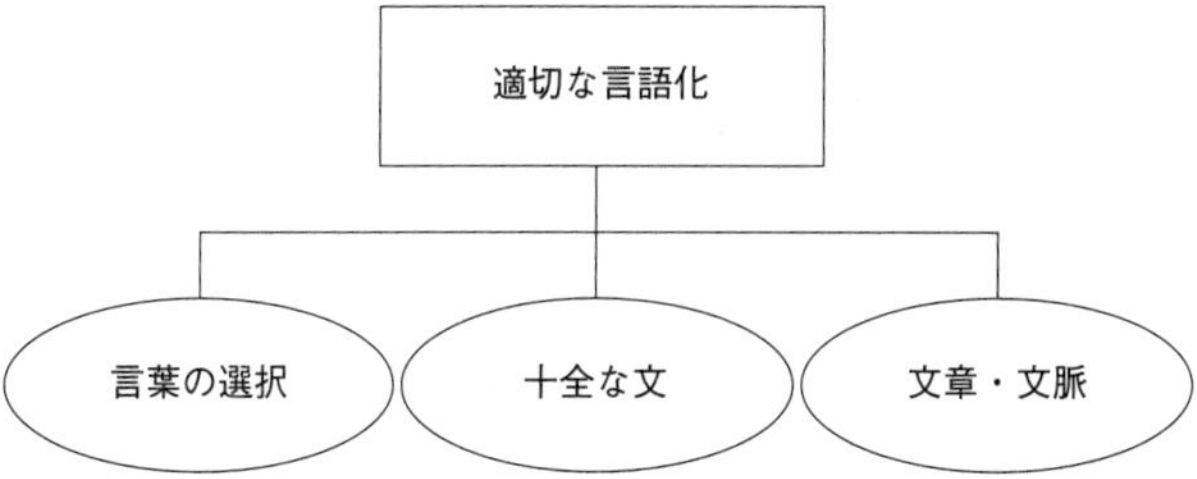

第二に「**十全な文**」、すなわち、論理を構築するための文（命題）を文法に則って生成することである。

第三に「**文章・文脈**」、すなわち、文を繋げて文脈を作り、論理を成す文章にすることである。

以下、これら3つの段階毎に、順に説明していこう。

① 過不足の無い言葉の選択

適切な言語化の第一歩は、思考の対象としようとする事象（モノやコトや様子）を正確に表す言葉を探し、選択することである。たとえば眼前一面に咲いている黄色い花に対して、（〝菜の花〟という言葉ではなく）〝花〟という言葉を選択して認識してしまったとしても、それは目の前の黄色い花を表す言葉として間違いではない（〝木の実〟とか〝ドーナツ〟とかを選ぶと間違いである）が、〝菜の花〟という言葉と比べると正確性に劣る。〝花〟というだけでは、その植物が食べられるかどうかや、油を搾れるかどうかは分からないし、チョウチョが飛んでくるだろうことは想起できたとしても、それがアゲハチョウなのかモンシロチョウなのかは分からない。

　また、空に浮かぶウロコ雲を見て、〝ウロコ雲〟という言葉で認識するのと単なる〝雲〟と認識するのとでは、その言葉の持つ意味内容を他の情報や知識と繋げて得られる意味合い《メッセージ》は大きく違ってくる。単なる〝雲〟という認識であれば、雨の可能性や曇り空、あるいはどんよりとしたイメージが広がっていくが、〝ウロコ雲〟ならむしろ爽やかな秋晴れの空を思い出す。つまり、単なる〝雲〟という言葉から得られる意味合いは「雨が降る前兆」かもしれないが、〝ウロコ雲〟からは「雨が降らない秋晴れの空」と、真逆の意味合いに繋がるのである。

　このように、思考の対象となる事象の実相／実体を過不足なく言い表す言葉を探し出し、選び取ることこそ、正しい思考のための適切な言語化の第一歩なのである。

　こう説明すると、正確な言葉探しはそれほど難しいスキルではないように感じるかもしれないが、意外に厄介な側面もある。自然言語は、多義性を持つからである。

たとえば、「ネコは人懐っこい動物である。」という表現は、人間の膝の上に乗ってきて甘えるネコや、ゴロゴロと喉を鳴らしてすり寄ってくるネコのイメージを想起させて、多くの人が共感・共有できる意味内容であろう。

　しかしその一方で、「ネコは人に懐かない動物である。」という表現も、多くの人が共感を以て納得できると思われる。街でネコを見かけてもサッサと逃げて行くし、飼い猫ですら名前を呼んでも近寄って来なくて当然という面もある。つまり、「ネコは人懐っこい動物であり、人に懐かない動物である」という命題表現が成立することになり、これを数学的に表すと「A＝BかつA≠Bである」ということになってしまう。「ネコは人懐っこい動物であり、人に懐かない動物である」という表現は詩的には理解できるものの、論理的思考を行いながら論理を展開していく上で混乱や誤謬をきたす原因となる。

このような混乱や誤謬は、「言葉の多義性」によるものである。ネコという誰でもよく知っている対象ですら、「懐く／懐かない」、「(ライオンと比べると) 小さい／(文鳥と比べると) 大きい」等々、多様な意味内容やイメージを持っている。したがって、ネコを対象にした論理展開を進めていく際に、様々な意味内容の断片が全然別の方向に繋がって行って、収拾のつかない論理展開になってしまう可能性があるのである。

とはいえ、自然言語の言葉の多義性は思考を行う上で極めて重要な性質である。思考とは、対象の持つ意味内容の要素と、知識として保有している事象の持つ意味内容の共通部分とで意味的なジョイントがなされて、論理および推論を展開していく作業である。つまり、ある1つの思考対象が持つ意味内容を1つだけに限定しないからこそ様々な知識と繋がり得るのであり、言葉の多義性があるからこそ、豊かで広がりを持った論理展開が可能になるのだ。

もし先に挙げたような言葉の多義性から生じる論理矛盾を避けようとすると、A＝BとかC≠Dというように命題の意味内容を一義的に限定する数学的思考しか成立しなくなる。このような思考世界では、論理展開によって真か偽かの命題展開、数式展開は可能であっても、ネコやご飯や思い出といった現実世界の重要な事象や概念を論理的思考の材料とすることができなくなってしまう。論理的に精緻な思考を追求すると、それは正確かもしれないが、厚みも豊かさも実感もリアリティも伴わない無味乾燥なものになってしまうのである。

ではどうすれば、豊かな広がりを持ちリアリティのある、しかも論理的妥当性の高い思考を行うことができるのかというと、ある思考対象の言葉と照らし合わせて繋げる知識要素のジョイントの部分とそれ以外の部分の意味内容を注意深く把握しながら論理を展開していくことに尽きる。ネコが文鳥と比べて大きな動物だとは言っても、〝大きい〟という意味内容で戦艦大和と繋げて、「ネコは戦艦大和に似ている。」などという論理展開に陥らないようにすることである。

同様に、秋の爽やかなお天気を表す時、「空一面に広がった〝雲〟」という表現ではなく、「空一面に広がった〝うろこ雲〟」という表現を選び取れるようにすることである。結局、豊かでかつ論理的に妥当性の高い思考を実現するためには、本節の冒頭に示したように、意味的に過不足の無い言葉の選択が全ての基本になる。そして、言葉とその言葉が持つ意味合いに関する知識・経験とセンスによって、注意深く意味を繋いでいくことが求められるのである。

シニフィアンとシニフィエ

さて、論理的妥当性を担保しながらも、豊かな広がりとリアリティを持った論理展開を行うために必要な言葉の多義性に関して、理解しておくと良いのが「シニフィアンとシニフィエ」という概念である。

言葉は、表面的には文字や音によって表される記号である。「花」という言葉は、「は」と「な」という2音から成る単語であり、動物の顔についている「はな＝鼻」と区別するために、植物の「はな」には「花」という漢字が当てられている。

この「花」という言葉は、一義的には「種子植物の生殖器官」という意味合いであるが、その他にも「目をひく美しさ」や「(実との対比において)外見」、あるいは「散りゆく儚さ」などというような様々な意味合いを多義的に有している。

つまり言葉とは、万人が共有し得る記号的側面と、様々な広がりを有する意味的側面といった2つの面が合わさったものなのである。

このことについて初めて言及したのが、言語哲学者のフェルディナン・ド・ソシュールである。ソシュールは、言葉の記号的側面を「シニフィアン」(signifiant)、意味的側面を「シニフィエ」(signifié)と呼び、このシニフィアンとシニフィエが表裏一体となったものが言葉であると定義した。彼がこの点に言及したのは100年以上も前、19世紀の終わり頃であったが、当時は言語学の分野では注目を浴びたものの一般社会への浸透は限定的であった。

それが、最近の人工知能開発のプロセスにおいて、言葉を機械的に扱うことの難しさに直面し、シニフィアンとシニフィエという言葉の二面性の重要性と複雑さに改めて気づくこととなった。すなわち、あるシニフィアン(表記)から想起され得るシニフィエ(意味内容)は一義的に固定化されるものではなく、言葉は個々人の経験や知識によって左右されるような、不定形な広がりや滲《にじ》みを有するということが改めて認識されるようになったのである(左頁の図)。

このような曖昧さを有しているとはいえ、ある程度の世間一般的な共通認識は認められる。たとえば「花」が「美しさ」の象徴であることには多くの人が同意するだろうが、「悲しみ」の象徴であると想起する人は少ないだろう。白い菊や百合がお葬式の供花とし

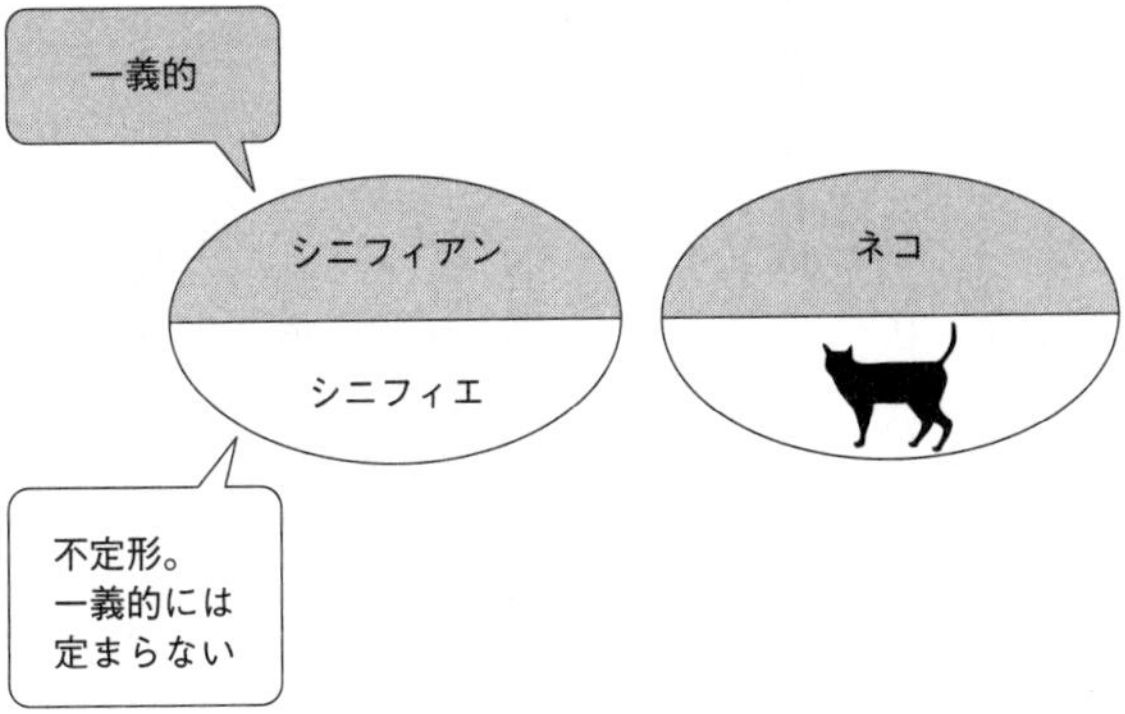

て用いられたり、キンセンカが「悲しみ」という花言葉を持っているとはいえ、単に「花」という単語から多くの人が想起する意味合いとしては、「悲しみ」よりも「美しさ」の方が優るのである。このような、世間一般的に共有化されたシニフィエがあるからこそ、無限の世界を有限の言語で表現し、思考の材料としたり人と共有したりすることが可能となるのだ。

　適切な言語化においては、このシニフィアンと表裏一体となっているシニフィエの内容として、どのようなものが世間一般的に認められ得るのかということを意識・認識しておくことが非常に重要になる。前項で説明してきた「過不足の無い言葉の選択」を言い換えれば、このような言葉の意味合い（シニフィエ）の広がりを認識した上で、実体との差分が最も少なくなるような表現（シニフィアン）を選択するスキルこそが重要になるということである。そしてこのような言葉の直観的選択スキルおよびセンスを下支えするのが、様々な事象と言葉に関する豊かな知識や経験なのである。

ちなみに、ある言葉を別の表現で喩《たと》えたり、他の物事と比較したりして説明する際にも、このシニフィアンとシニフィエの理解が役に立つ。ある言葉が持つ意味合い（シニフィエ）が他の言葉が持つ意味合い（シニフィエ）と重なりを持つ時に、後に説明するようなコロケーション（言葉の繋がり）やアナロジー（たとえ）を有効に活用することができる。そしてその時の意味合いの重なりの度合いが大きいほど、コロケーションやアナロジーによって為された説明の納得性が深まるのである。

② 十全な文の作成

i「カナリア　の　私　の　見た　横　が　ネコ　を　彼女　に　いる」

12個の単語から成るこの文字列を見て、意味を取れるだろうか。このように、ただ単語を並べただけでは意味を成さない。

同じ12個の単語を並び替えて、

ii「私の横にいるネコが彼女のカナリアを見た」

とすれば、文として成立し、意味は生じる。また、

iii「彼女のネコがカナリアを見た私の横にいる」

でも文として成立するし、意味も成立する。

ただし、iiとiiiでは意味内容は全く違う。iiでカナリアを見たのはネコだが、iiiでカナリアを見たのは私である。彼女が飼っているのは、iiではカナリアだが、iiiではネコである。iiとiiiでは他にも色々な相違点があるが、このように同じ単語を使っても、単語の並び方で意味する内容は全く異なる。

こうした単語の並べ方とどのような意味内容を表すのかに関するルールが、文を成す法則、すなわち「文法」である。

文法に従って単語を並べないと意味は成立しないし、意味が成立している文に対しても、文法に則って解釈しないとその文が表している意味内容を理解することはできない。つまり、思考対象とする事象を適切に表す言葉を選んだ上で正しい文に仕立て上げないと、単なる言葉の羅列だけでは意味を成さないし、表したい意味内容に合った順序で言葉を並べないと意図する意味内容を表現することはできないのだ。

先に示したように、論理とは2つの命題（文）が納得のいく思考の道筋によって繋がれ

て成立するものである。単語と単語を結びつけるだけでは、論理にはならない。論理によって思考や推論を展開していくプロセスの核心の部分は、命題と命題（文と文）の繋がりなのである。したがって論理的思考を行うということは、まずきちんと意味を成す文を作り、文と文を納得のいく意味の流れで以て繋いでいくということなのである。

このように、意図する意味内容を表すために適切な、文法に則った「十全な文の作成」が適切な言語化の第二段階である。

語順と助詞の選択

意図する意味内容を適切に表すための十全な文を作るために重要なのが、言葉の語順と、言葉と言葉を繋ぐ助詞の選択である。本項の冒頭で示した「カナリア　の　私　の……」の例で見たように、ある文がどのような意味を成すかは、どのような言葉が使われているのかに加えて、それらの言葉がどのような順番で配置されているのか、そしてそれらの言葉にどのような助詞が付けられて文が形成されているのかで決まる。

これが文が成立するための基本ルールであるが、語順と助詞の選択についてもう少し具体的に説明しておこう。

文が成立するための最もシンプルな構成は、「主語＋述語」である。「花が、咲いた」とか「彼が、話す」というような文の構成である。
　そしてこの主語＋述語のシンプルな構造にさらに詳しい意味を付加するために、行為の目的（相手・対象）や、状況（時・場所）をつけ加えることができる。

「昨日（時）、市民ホールで（場所）、彼が（主語）、市内の高校生に（相手）、就職と進学について（対象）、話した（述語）」とか、

「太古の昔より（時）、世界中で（場所）、人間は（主語）、戦争と和平を（対象）、繰り返してきた（述語）」というような構成である。

　ちなみにここに挙げた文はどちらも、「時」→「場所」→「主語」→「相手・対象」→「述語」という語順になっているが、この「いつ、どこで、だれが、だれに、何をした」という語順が日本語の文の基本型と言えるもので、話し手／書き手にとっても、聞き手／読み手にとっても、最も自然で分かりやすい。論理的思考を正しく行うためには、文の理解自体に意識を取られたりひっかかったりするのは無益な手間であり、また勘違いの原因になったりするので、なるべく平易に、基本型の文で考えたり、表現したりすることが望ましい。

　そして「いつ、どこで、だれが、だれに、何をした」という、人が最も理解しやすい基本型の文を作る上で重要な役割を果たすのが「助詞」である。助詞はそれ自体は意味を持

たないが、意味を持つ言葉と結びついて、文におけるその言葉の役割が、主語なのか、行為の対象あるいは相手なのか、時や場所といった状況なのかを決定する機能を持つ。

たとえば、先のⅱの文では「ネコ」に助詞の「が」が付くことによって、この文の主語が「ネコ」に設定されている(述語は「見た」)。ⅲの文でも「ネコ」に助詞の「が」が付いて、この文でも「ネコ」が主語になっている(述語は「いる」)。

同じく、ⅱの文でもⅲの文でも「カナリア」に助詞の「を」が付いているが、どちらの文においても「見た(述語)」対象は「カナリア」になっている(ⅱではカナリアを見たのは「ネコ」、ⅲではカナリアを見たのは「私」)。このように、主語、目的、状況といった文の中での役割を決定しているのは助詞なのである。

つまり、文を生成することは、意味を持つ単語にどの助詞をつけるかということであり、意味を持つ単語の文の中での役割を助詞が決めているということである。日本語において、助詞は文の骨格を決定し、文の意味を規定する決定的な機能を持つのである。

曖昧な表現の回避

論理的思考のために必要な「十全な文」の条件として、「語順と助詞の選択」に次いで挙げておかなければならないのが「曖昧な表現の回避」である。

論理的思考の材料となる言葉や文に関して、ややもすると曖昧になってしまいがちな表現のパターンが2つある。それは、

i　定性的な形容詞／副詞の表現
ii　二義的に解釈し得る表現

である。

数学や記号論理とは異なり、自然言語による命題（文）の作成や思考の展開においては、言葉によって表される意味内容にある程度の非厳密性や曖昧さが介在してしまうのは仕方のない面もある。前項でも述べたように、言葉には本来的に多義性があり、その多義性こそが他の言葉や概念とのジョイントを生み、発想や論理展開が広がっていくという性質があるからである。

しかし、「雲」と「ウロコ雲」とでは表現したい意味内容に対してどちらがより適切かとか、「花」と「菜の花」とではどちらがより妥当な言葉なのか、といった言葉の選択が正確な思考を行うために重要であったように、より妥当な論理的思考を行うためには、文および命題においても可能な限り曖昧な表現を避けて、表したい意味内容を少しでも正確に表現することが必要になる。

そのためのポイントとなるのが、

i「定性的で曖昧な表現を避けて、定量的な表現や相対化した表現を心がけること」

ii「二義的な意味の発生する言葉や文を避けて、一義的に意味内容が決まる表現をすること」

の2点である。

以下、具体的事例を示しながら説明していこう。

i「定性的で曖昧な表現」というのは、

「かなり大きなスルメイカ」とか、

「すごく渋滞していた」といった言い回しである。

〝かなり〟とか〝すごく〟という言葉や表現は、話し手および書き手の気分や感覚を表すのには便利で使いやすいが、客観的意味内容は曖昧で、論理的思考の材料とするには不適切である。論理的思考を行う上では、こうした定性的表現を可能な限り定量化するのが望ましい。

たとえば先ほどの例で言うなら、

「胴長40cm、重さ800gのスルメイカ」とか、

「空いている時には2時間で着くのに、6時間もかかってしまった渋滞」などというのが定量化された表現である。

このような定量化された表現であれば、表現された意味内容が一気に具体的・客観的になり、ファクトとして共有化される。

定性的で曖昧な表現を改める手段は、定量化の他にもう1つある。それは比較対象を提示して相対化することである。先の例で言えば、話題にしているスルメイカのサイズや重さを測って定量化することが難しい時に、

「大人の二の腕ほどもあるスルメイカ」とか、

「この前一緒に釣りに行った時の、一番大きなやつよりももう一回り大きなスルメイカ」といった、具体的かつ共有可能な比較対象を提示して相対化することである。

モノやコトが、大きい／小さい、重い／軽い、早い／遅い……という形容は、全て〝何と比べるか〟で決まる。ネズミは象と比べると小さいが、テントウムシと比べると大きい。ツバメが飛ぶ速度は、カブトムシが飛ぶ速度よりは速いが、ジェット機のスピードと比べると遅い。このように形容詞、副詞の意味内容は、〝何と比べるのか〟によって決まるのである。

曖昧な表現を回避するための手段として最も有効なのは、重さや速さや頻度を絶対的指標で表し、紛れの無い意味内容を表現できる定量化だが、現実問題として計測が難しかったり、知識が曖昧であったりして使えないケースも少なくない。そのような時には、具体

的な比較対象を挙げて相対化することで、表したい意味内容の曖昧さを低減することができるのである。

何かを論理的に人に伝える場合はもちろんであるが、自分で論理的に思考を行う場合にも、「かなり」「とても」「すごく」「僅《わず》かに」「まあまあ」「よく」……といった曖昧な言葉の使用は避けて、可能な限り「定量化」と「比較対象を挙げての相対化」を心がけるべきである。

次にもう1つの曖昧な表現について説明しよう。

もう1つの曖昧な表現である、ii「二義的な意味の発生する表現」については、

a「単語自体が二義的な意味を持つ場合」

b「複数の単語の語順や文の単語構成によって二義的な意味が生じてしまう場合」

の2つのパターンがある。

まず、a「単語自体が二義的な意味を持つ場合」とは、

「弟は大学に行っている」という文における「行く」というようなケースである。

この文は、

「弟は今日、大学に居る」という意味にも取れるし、

「弟は大学に通っている（弟は大学生である）」という意味にも取れるし、

「弟は大卒です」という意味にも取れる。

このように、1つの単語が複数の意味を持つ場合には、誤解の無いように言葉を補足して説明するか、右に示した例文のように一義的に意味が決まる言葉や表現を用いる必要がある。

また、b「複数の単語の語順によって生じる二義性」とは、「アジとアマダイの干物」とか、「10万円の絵の額縁」といったケースである。

「アジとアマダイの干物」という表現では、「アジの干物とアマダイの干物」とも取れるし、「生のアジとアマダイの干物」とも取れる。二義性を回避するためには、このような明確に言い換えた表現を取るべきである。

「10万円の絵の額縁」も「絵を飾るための、10万円の額縁」と表現するか、「10万円の絵を飾るための、額縁」という表現を取れば二義性は回避できる。a「単語自体の二義性の場合」と同様に、b「複数の単語を使った言い回しの場合」も、このように語順を工夫したり、言葉を補ったりして、二義的な意味合いが生じるのを回避することができるのである。

また、文は本来的には「主語＋述語」で成立するのであるが、日本語は主語が省かれて表現されるケースが珍しくない。そして、主語が省かれることがあるという日本語の特徴が原因となって、何気なく普通に使う文が二義性を帯びてしまうケースがある。

たとえば、「洋子は優しくて気が利くと言っていた」という文は二義性を持つ。〝優しくて気が利く〟のが誰か、〝言っていた〟のが誰か、という意味内容がこの文だけからでは一義的には決まらないからである。

この場合、もう1人の主語を登場させて、

「洋子は優しくて気が利くと、直子が言っていた」とするか、

「直子は優しくて気が利くと、洋子が言っていた」とすれば、文の表す意味内容は一義的になる。

このように、もし文の持つ二義性に気づいたならば、先ほど説明した複数の単語を使った言い回し／フレーズの二義性の場合と同じく、言葉を補ったり、言い換えたりして、一義的な意味を表現する文に改良する必要がある。

以上、示してきたように、単語、言い回しやフレーズ、文における二義的な意味合いを避けるためには、まずその表現が二義的に解釈され得る可能性があることに気づかなければならない。では、どうすればそうした二義性に気づくことができるのかというと、単語の1つ1つについて、あるいは1つ1つの文について、意味を確認しながら、どの単語とどの単語が意味的にどのように繋がっているのかを注意深く確認することである。どの単

語が主語で、どれが述語で、どれがその述語の対象／目的なのか、またどの形容詞／副詞はどの言葉を装飾しているのかについての確認である。

こうした丁寧な確認・吟味ができれば、二義性の修正・回避は可能である。

③「文章・文脈」の整理

さて、ここまで「適切な言葉」を選択し、その言葉を用いて「十全な文」を生成するための方法を説明してきた。このようにして出来上がった一文一文を束ねてひとまとまりの「文章・文脈」にするのが、適切な言語化の総括である。

第Ⅰ章で、論理が成立するためには「命題が2つ以上あること」という形式要件と、「2つの命題が妥当な推論／理由づけによって繋がれていること」という意味的要件の2つが満たされている必要があると説明したが、この要件は複数の文（命題）から成る文章においても同様である。複数の文から成る文章においても、いくつかの文が結論を成し、また他の文が根拠を担っていて、文章全体の中に結論とその結論を支える根拠が示されていてこそ、その文章は論理的な文章ということができる。

したがって論理的な文章を構成するために文と文をどのように繋ぎ合わせるのかを考える上でまず最初に着目すべき点は、結論を成すパートと根拠を成すパート、およびそれら

〈ピラミッドストラクチャー〉

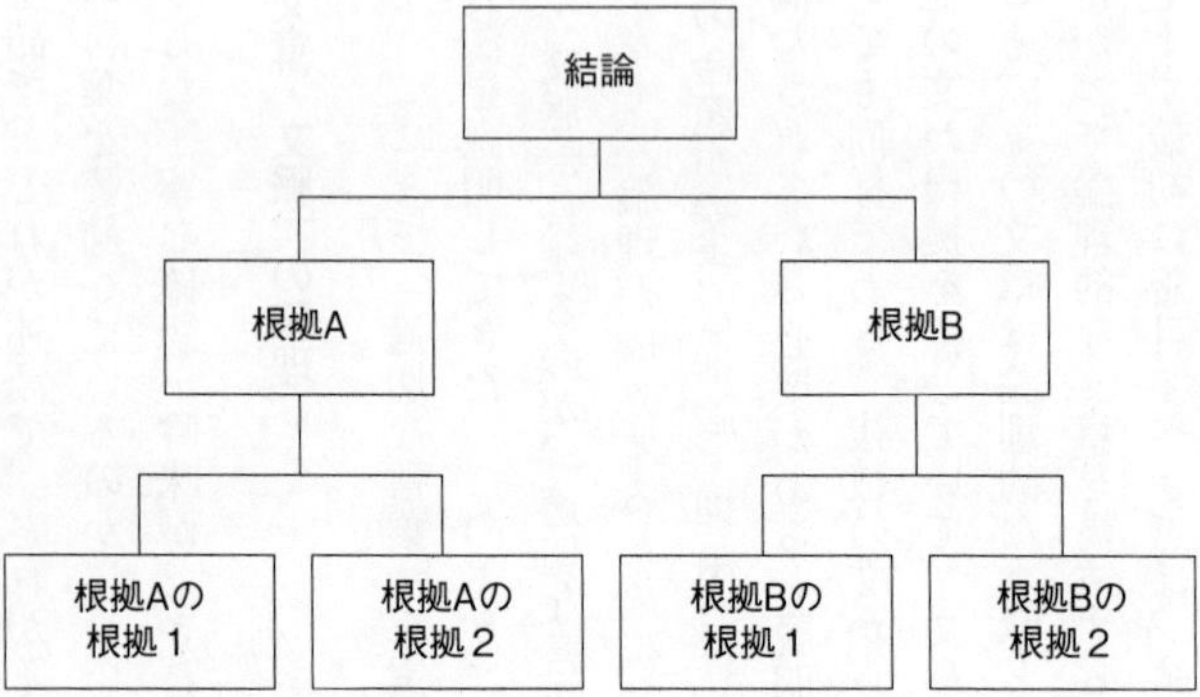

の具体例や背景説明といった論理構造上の役割分担である。すなわち、その文章全体の構造化である。

　この構造を考える上では、ピラミッドストラクチャーという構造化のフォーマットを用いるとやりやすい。ピラミッドストラクチャーは、結論が複数の根拠によって支えられている形を持つため、この形式に則って文を整理していくことで、構造化された、すなわち論理の形式要件を満たした形に文章が整理されるのである（上の図）。

　また、各文の構造的な配置が決まった後に、それを一連の文章として仕上げるためには、文と文との繋がりや構造を言葉で明確に表現するための「接続詞」も重要になる。

　ピラミッドストラクチャーと接続詞について順に説明していこう。

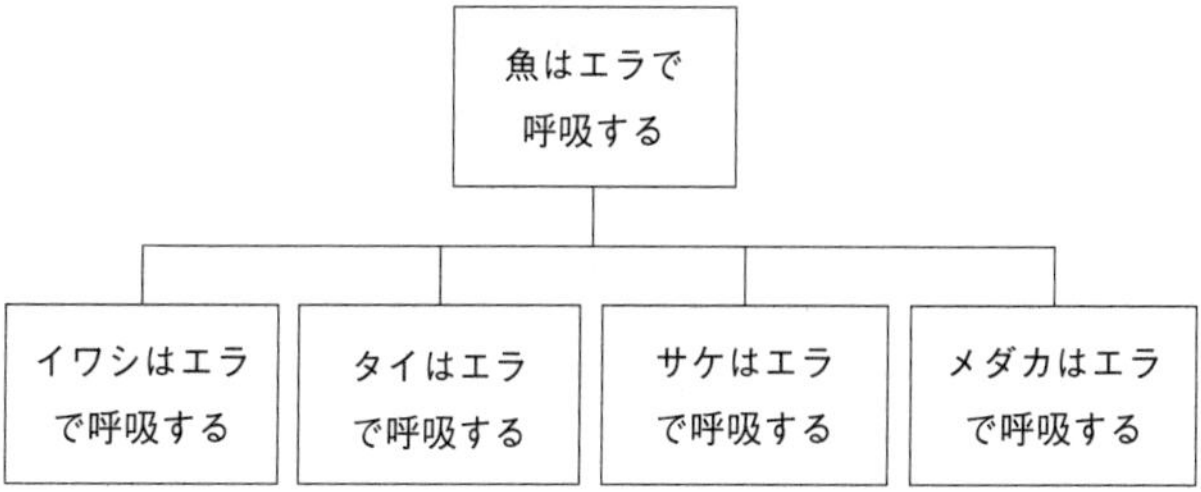
魚はエラで
呼吸する
イワシはエラ
で呼吸する
タイはエラ
で呼吸する
サケはエラ
で呼吸する
メダカはエラ
で呼吸する

ピラミッドストラクチャー：構造化

　ピラミッドストラクチャーとは、上層に結論（抽象）を、下層に根拠（具体）を配置した階層構造を持つような要素の並べ方を指し、文字通り「結論が根拠によって支えられている」構造を持つ。1つの結論に対して根拠が複数提示されることが多いため、全体の様相は下が広がり上が窄《すぼ》まったピラミッド型になる。これが「ピラミッドストラクチャー」（ピラミッド構造）と呼ばれる所以である。

　これは、例文と図を参考に、視覚的に理解していただくのが分かりやすいであろう。

　たとえば、第Ⅰ章で用いた例文で説明すると、

「イワシはエラで呼吸する」
「タイはエラで呼吸する」
「サケはエラで呼吸する」
「メダカはエラで呼吸する」

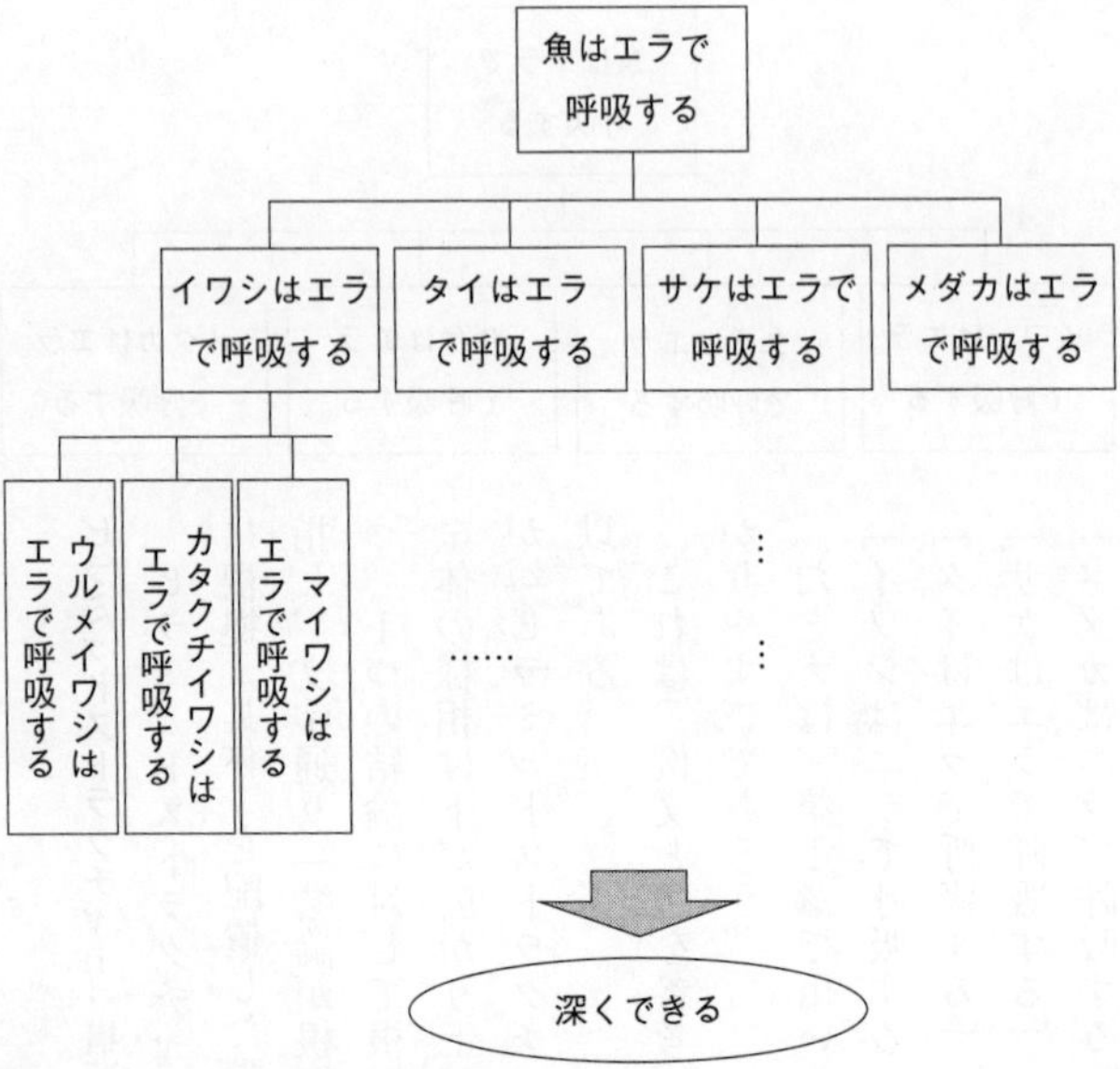

といった4つの現象から、

「魚はエラで呼吸する」

という結論が導けることを図で表すと、前頁のようになる。4つの根拠によって結論「魚はエラで呼吸する」が文字通り〝支え〟られており、根拠が結論を支えているからこそ、結論の論理的妥当性が担保される。

この例は最も簡素な2階層の形であるが、3階層、4階層と階層が深くなっても同様にピラミッドストラクチャーと呼ぶ。たとえば、先の例であっても階層を増やしていくことは可能である。

「イワシはエラで呼吸する」

は

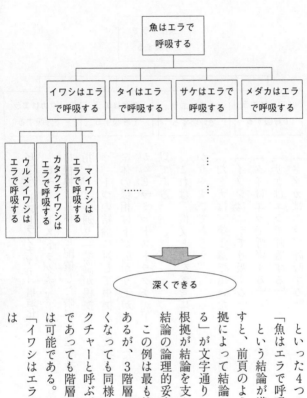

「ウルメイワシはエラで呼吸する」
「カタクチイワシはエラで呼吸する」
「マイワシはエラで呼吸する」

で支えることができるし、他の魚も同様に階層を深くしていくことが可能である（右頁の図）。こうして1つの文を1つの構成要素と見立てて、それらを結論と根拠の関係性からピラミッド型に構築していくことは、最上部のメッセージを下部の要素全てで強く下支えすることと同義となる。

ピラミッドストラクチャーが論理的フォーマットとして優れているのは、複数の文（命題）が「したがって」（inference 型）もしくは「なぜならば」（reasoning 型）で繋がれた〝論理的な〟関係性を上下関係で明示する構造になっているためであり、また結論を支える根拠（あるいは次段階の命題を導けるような既呈命題）が複数存在すればなおさら、結論の論理的妥当性の高さが際立つためである。

ところで、このようなピラミッドストラクチャーの論理的繋がりは、推論型（したがって）でも理由づけ型（なぜならば）でも同じように構築することが可能であるが、基本的には積み木のように積み上げていくボトムアップ型のプロセスになることが多い。しかし、ピラミッドストラクチャーで表された内容を文章化する場合には、根拠→結論の順にボト

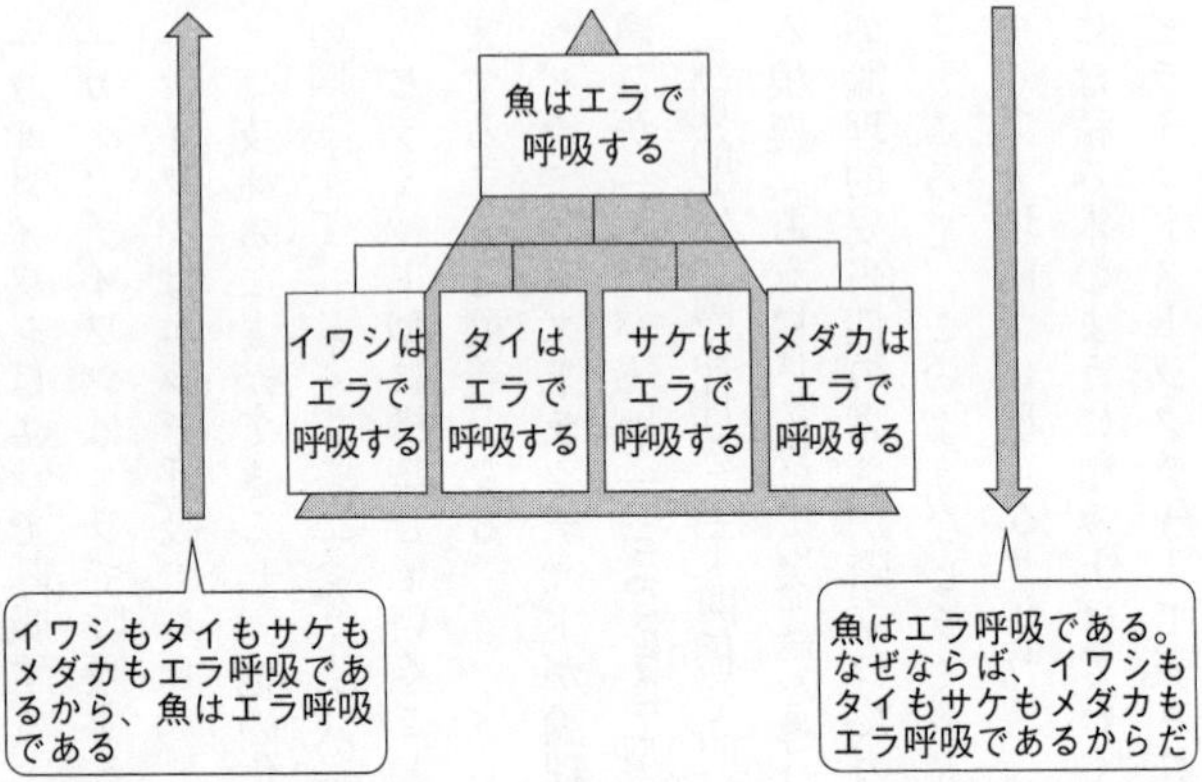
魚はエラで呼吸する
イワシはエラで呼吸する
タイはエラで呼吸する
サケはエラで呼吸する
メダカはエラで呼吸する
イワシもタイもサケもメダカもエラ呼吸であるから、魚はエラ呼吸である
魚はエラ呼吸である。なぜならば、イワシもタイもサケもメダカもエラ呼吸であるからだ

ムアップのプロセスで繋いでいくよりも、結論↓根拠の順にトップダウンで繋いでいった方が分かりやすい。たとえば、先のピラミッドストラクチャー（97頁図）を文章化するにあたっては、

「イワシもタイもサケもメダカもエラ呼吸であるから、魚はエラ呼吸である」

というよりも、

「魚はエラ呼吸である。なぜならば、イワシもタイもサケもメダカもエラ呼吸であるからだ」

としたほうが論理的な文章として明快である。

なぜならば、階層や要素が少ないうちは頭の中で整理することができても、要素の数が10にも100にもなった場合、どことどこが繋がっていて、全体としてどのような構造になっているのかを図解なしで判断することが非常に難しくなるためである。このようなことから、基本的には結論↓根拠のトップダウン型の展開の方が構造的理解が容易になるといえる。

実際、文章にしても口頭説明にしても、まず結論を提示した上で、複数の具体的根拠や複数の具体的内容を示した方が理解しやすいのは実感があるであろう。会議での発表や上司への報告において「まず結論から述べて、その後で理由や事情を説明しなさい」と言われるのはそのためである。

あるひとまとまりのコンテンツが論理的であるとは、結論とその根拠が明確であるということである。そして、結論と根拠を明確にするための構造がピラミッドストラクチャーであり、文章化する場合は、まず最初に結論、次いで根拠という展開が論理・構造を伝えやすいのである。

接続詞の活用：シナリオ化

文章の構造自体はピラミッドストラクチャーによって規定されるが、文章の構造や文脈の流れを分かりやすくするためには、文と文がどのような関係で繋がっているのかを示す接続詞の活用が有効である。

ある文が提示された後で、次の文が始まる前に接続詞を示されると、その後の文脈の展開を予想することができるので、長い文章をストーリーやシナリオとして理解するのが容易になる。

文章は線状に連なっているため、いくら頭の中で構造化したつもりであっても、文と文を単に繋ぎ合わせただけでは、その構造は明示化されない。物語や随筆の場合、含みを持たせるために接続詞をあえて省略することもあるが、論理的思考においてはこれらを明示する方が論理展開の流れ（文脈）が驚くほど分かりやすくなる。言葉の意味合いを適切に言語化することが重要であると前節で説明したが、接続詞は、「文章構造の言語化を行うもの」であるとも言えるだろう。

接続詞には多くの言葉があるが、文脈の示唆や文章構造上の役割によって10種に整理することができる。それぞれ簡単に紹介しておこう。

a　順接：前の文脈をそのまま引き継ぐ流れを作る。
（例）だから、したがって、ゆえに

b　逆接：前の文脈の流れを逆転させる流れを作る。
（例）しかし、だが、それでも、ところが

c　並列：前の文脈に示された要素と共通する事項を並べる。
（例）そして、同様に、それから、しかも、および

d　対比：前の文脈に示された要素に対比する事項を提示する。

（例）一方で、それに対して、または、あるいは

e　列挙：後の文脈で提示する事項の順番を示す。

（例）第一に、第二に、まず、最初に、次に

f　換言：前の文脈の理解を図るための言い換えや要約を示す。

（例）つまり、言い換えると、要するに、すなわち、むしろ

g　例示：前の文脈で示した内容の具体的な例を提示する。

（例）たとえば、具体的には、実際、特に

h　補足：前の文脈で示した内容を補足する内容の提示を導く。

（例）ただし、もっとも、ちなみに

i　理由：前の文脈で示した内容の理由を導く。

（例）なぜなら

j　結論：それまでに述べてきた内容をまとめて結論を示す。

（例）このように、以上、とにかく、いずれにしても

以上、主要な接続詞の分類と事例を示したが、これらの接続詞を使って文章を作成することの効用は、読み手に文脈の展開を予測させることによって理解を容易にするだけではない。接続詞は文章の構造と論理展開を示す標識《サイン》のようなものであるため、標識《サイン》を選択す

ることを通じて文章の書き手に対しても論理展開の道筋の意識・確認を促すことになるのである。

前項で解説したピラミッドストラクチャーは、文章の内容を図解的に構造化するものであった。一方、ここで説明した接続詞の活用は、複数の文が線状的に連なっているストーリーやシナリオにおいて内容《コンテンツ》構造、論理構造を示唆するものである。

そしてこの両者は、ピラミッドストラクチャーから接続詞で繋がれた文章へと、またその逆に、接続詞で繋がれた文章からピラミッドストラクチャーへと、相互変換できる関係にある。このことが示すように、両者の表現／表記のスキルが揃ってこそ、論理的な文章作成のコアスキルとなるのである。

2　「分ける」スキル・「繋げる」スキル

論理的思考の第二のコアスキルは「分ける」スキルと「繋げる」スキルである。

先に紹介した第一のコアスキルである「適切な言語化」は、思考している意味内容を意味の容れ物である言葉に載せ、論理を構成するための文を生成し、論理の内容を構造化・シナリオ化するためのスキルであった。その意味で「適切な言語化」は思考行為の最もべーシックなスキルだと言えよう。

それに対して「分ける」スキルと「繋げる」スキルは、思考の材料である事象や知識の情報要素を分けたり繋いだりして〝意味を加工〟する行為そのものであり、思考という情報加工行為のコアプロセスにおけるスキルだと言うことができる。

思考対象となっている事象をどう「分ける」のかによってその事象は全く違った要素に分解され、全く違った姿を浮かび上がらせることになる。また思考対象のどの要素を、どのような事象のどの要素と「繋げて」いくのかによって、思考の道筋は全く違った方向に展開していくことになる。

つまり「分ける」ことと「繋げる」ことは論理を組み立てる思考作業そのものであり、「事象を要素に分けて」、「他の事象の要素と意味的に繋げて」いくことによって、新しい意味合いを得ていくことこそが思考作業そのものなのである。

この意味において「分ける」スキル・「繋げる」スキルは論理的思考の核心を担うものである。以下、「分ける」スキル・「繋げる」スキルについて具体的に紹介、解説していく。

①「分ける」スキル

「分ける」スキルの解説に入る前に、前提として一点、説明・確認しておきたいことがあ

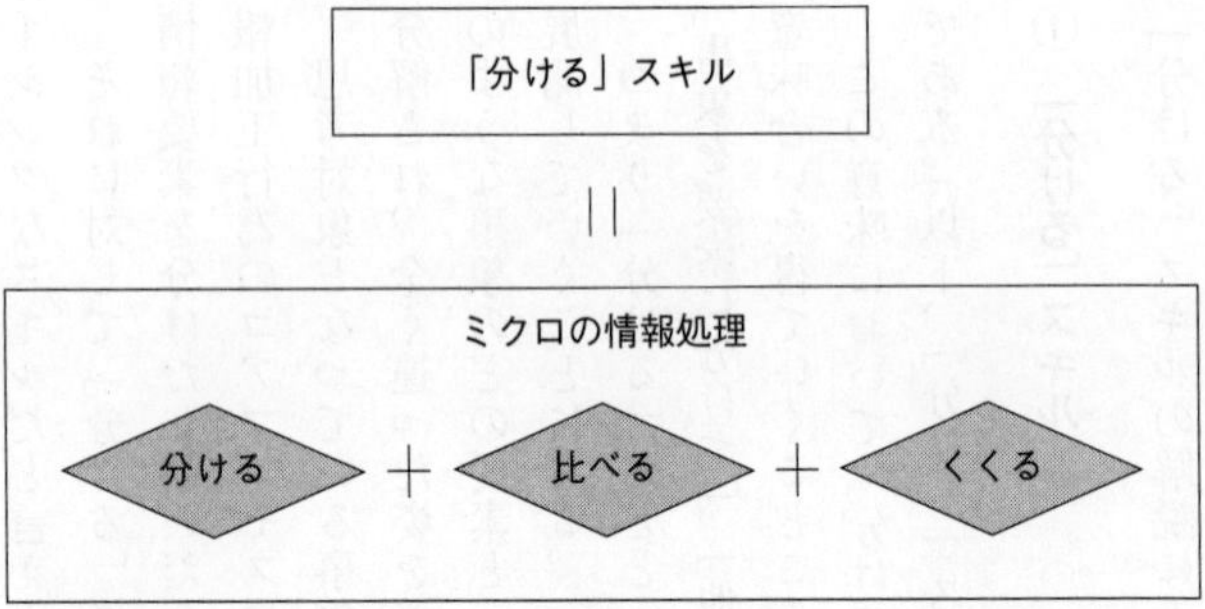

る。第Ⅰ章第1節で、「思考の工程はミクロで見ると……「分ける」「比べる」「くくる」ことである」という説明を行ったが、論理的思考のコアスキルとしてここで解説している「分ける」スキルは、ミクロでの分ける・比べる・くくるが一連のセットになったものであると理解しておいていただきたいという点である。

つまり、ある事象を「分ける」ためには、その事象を複数の構成要素に分解した上で（〝分ける〟）、それぞれの構成要素同士を比較して（〝比べる〟）、何らかの基準に基づいて同類同士でまとめる（〝くくる〟）ことによって、「分ける」が完成することになるということである。したがって、以下の説明において「分ける」とは、ミクロレベルでの「比べる」「くくる」まで内包しているとの解釈で理解を進めていただきたい。

本論に戻ろう。

論理的思考を行うために事象を「分ける」場合には、当

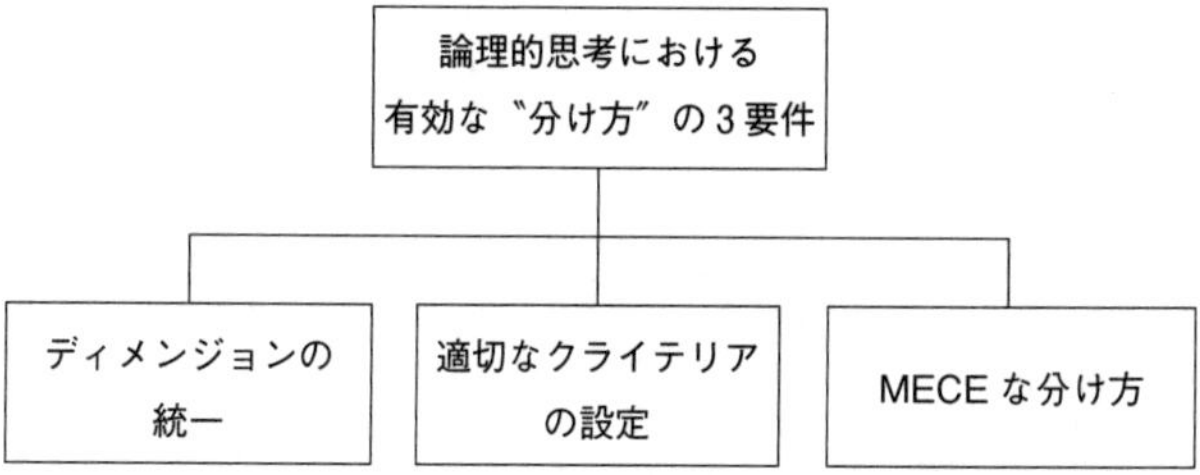

然ながら分け方や分けられた結果が論理的でなければならない。

では、論理的な分け方とはどのような分け方であろうか。

論理的思考を行うために有効な〝分け方〟には3つの要件がある。その3つの要件とは、

i　ディメンジョンの統一
ii　適切なクライテリアの設定
iii　MECEな分け方

である。

これら3つのポイントについて具体的に説明していく。

ディメンジョン：次元の統一

論理的に「分ける」ための1つ目の要件は、「ディメンジョン」の統一である。

ディメンジョンとは、〝抽象水準〟のことである。たとえば、道端に咲いている黄色い花を表現する言葉として、「菜の花」「花」「植物」というように様々な〝抽象水準〟のものがある。そ

して、「ディメンジョン」の統一とは、分けられた事象要素が属する抽象水準＝次元が、同一抽象水準上、同一次元上になければならないということである。

例を挙げて説明しよう。

「野菜は、根菜類と、果菜類と、白菜、キャベツなどに分けられる」という文章があったとする。この分類は、列挙している要素の抽象水準が揃っていない。ディメンジョンの揃った論理的な「分け方」にするためには、「根菜類」や「果菜類」と並べるのであれば、「白菜」や「キャベツ」は「葉茎菜類《ようけいさいるい》」とするべきである。同じように、「白菜」や「キャベツ」と並べるのであれば、根菜類は「にんじん」や「大根」、果菜類は「なす」や「トマト」といった個別の種でなければならない。ディメンジョンが異なるもの同士を並列に並べても、それは論理的に妥当な〝分け方〟とはいえないのである。

第Ⅰ章第1節の③で説明したように、人間の思考は現実の具体的事象をくくってまとめることによって〝次元の拡大〟を行うことができるようになり、その次元の拡大をしていくことで平面的な具体的情報処理だけでなく、一般化命題や抽象的概念を扱う空間的な思考が可能になった。つまり、現在われわれが行っている抽象的概念や一般化命題を扱う論理的思考は、事象の抽象化が可能にしているのであり、その意味において思考の対象としている事象の抽象水準＝ディメンジョンは、思考空間における事象や概念の座標値と言えるのである。

このように「ディメンジョン」は、人間の思考が具体的で平面的なものに留まらず、抽象的概念を獲得し、高度な論理展開を可能にした重要ファクターなのであり、ディメンジョンについて注意深く感知し、事象や概念のディメンジョンを整えることは、事象と事象、命題と命題を論理で結ぶ際のジョイントを整合させることと見なすことができる。逆に言えば、考察事象を分ける際に、ディメンジョンが整っていなければ、論理的に分けることも、比べることも、くくることもできないし、正しい論理展開も成立しないのである。

クライテリア：適切な切り口の設定

論理的に「分ける」ための2つ目の要件は、適切なクライテリアの設定である。

クライテリアとは、思考対象を分ける時の〝切り口＝分類基準〟のことである。ある1つの事象を分けるのでも、どのようなクライテリアで分けるのかによって、その対象がどのような要素に分かれるのか、すなわち分けられた結果は全く違ったものになる。そして適切なクライテリアを設定するということは、何かを分かろうとして思考を行う場合に有効なメッセージに繋がり得る分け方を選択するということである。

例を挙げて説明しよう。

今日のランチに何を食べようかと考えているとしよう。「料理」を分類するクライテリアとして、和食、中華、イタリアン、フレンチといった分け方になる「料理の国籍」や、麺類、丼物、定食、パン・サンドイッチといった「メニューの種類」や、野菜料理、肉料理、魚料理といった「素材の種類」などがすぐに思い浮かぶであろう。他にも、高級料理、B級料理といった「料理のグレード」や、主食、副食、デザートといった「食事の中での位置づけ」なども「料理」を分類するクライテリアとして成立する。

このように事象を分類するクライテリアは様々に存在するのだが、何らかの目的を持って答えを探している時には、〝適切な〟クライテリアの設定が極めて重要である。昨日も一昨日も、昼も夜も中華料理が続いていて、今日は何か違った料理を食べたいと思っていたとしたら、「料理の国籍」というクライテリアを採用して、和食、中華、イタリアン、フレンチ、……という分類要素の中華以外の選択肢の中から選んでこそ、目的に対して合理的な答えを得ることができる。同様に、最近は肉料理ばかりが続いていたので今日は野菜を摂りたいと思っているのであれば「素材の種類」というクライテリアが有効だし、給料日前で懐が寂しいのであれば「料理のグレード」というクライテリアによってB級料理のお店を探すのが合理的である。

つまり、1つの事象をどのように切り分けるのかを決めるクライテリアによって、求める答えが選択肢として示されるかどうかが決まるわけである。中華料理以外の料理を食べたいと考えている人に、野菜料理、肉料理、魚料理……という選択肢を提示しても無益であるし、高級料理とB級料理という選択肢も意味が無い。

このように、論理的思考を可能にするためには、思考者の思考目的に合致した選択肢が示されるような〝適切な〟クライテリアを設定することが重要であり、これこそが「分ける」スキルとなるのである。

実際に豊かな論理的思考によって適切な答えを見出すためには、多様な選択肢を提示するための、様々なクライテリアを発見・設定する能力が求められる。

たとえば、ランチに行くお店の選択にしても、先ほど挙げた料理の種類で分類する以外にも様々なクライテリアが考えられる。お店を分ける具体的なクライテリアとしては、

・距離：近いか／遠いか
・混雑度合：空いているか／混雑しているか
・提供時間：時間がかかるかどうか
・デザートの有無：デザートがサービスでつくかどうか
・滞在時間：食後にコーヒーを飲みながらのんびり過ごせるかどうか
・喫煙の可否：喫煙が可能かどうか

・客層：同僚に会いそうか／会わないで済むか
・店員の質：店員の対応が感じが良いか／悪いか
・特典：ポイントカードなど割引き制度があるかどうか
・……
等々、様々なものが考えられる。

こうした多様なクライテリアを思いつけてこそ、様々な目的に合致した適切な答えを選択できるわけである。つまり「適切なクライテリアの設定」という論理的思考のスキルは、「多様なクライテリアの想起」とほぼ同義なのである。

そして、詳しくは後述するが、多様なクライテリアの想起には多様な知識と経験が必要になる。「知識に頼らず、自分の頭で考えろ」ということがしばしば言われるが、ものを考えたり、アイデアを思いついたりする母胎は豊かな知識と経験である。その意味で、「適切なクライテリアの設定」も知識と経験に裏打ちされてこそ可能になるのである。

MECE：モレなくダブリなく

論理的な分け方の要件の3つ目は、〝分け〟た結果が「MECEになっている」ことである。

ご存知の方も多いと思うが、MECEとは「Mutually Exclusive, Collectively Exhaustive」（相互背反、集合網羅）の頭文字をとった言葉であり、「モレなく、ダブリなく」という意味合いである。つまり「MECEに分ける」とは、ある事象を、あるクライテリアによって「モレもダブリも無い状態に分ける」ことであり、人間を性別で男性と女性に分けたり、血液型でA型、O型、B型、AB型に分けるのがMECEな分け方である。

ちなみに人間を職業で分ける場合、一次産業従事者、二次産業従事者、三次産業従事者に分けるのはMECEにならない。無職の人というモレが出るし、農業をしながらメーカー勤めもしている人という一次産業と二次産業のダブリも出るからである。

こうしたMECEな分け方を次段階、またその次の段階へと展開していくと、モレもダブリも無い、極めて精緻な〝体系〟を作ることができる。いくつかのMECEな階層から成る体系は最も論理的な事象の整理の形である。

具体的な例で考えてみよう。

「動物」は、セキツイの有無というクライテリアで「セキツイ動物」と「無セキツイ動物」に分けられる。そして「セキツイ動物」はさらに体温変化の有無というクライテリアで「変温動物」と「恒温動物」に分けられ、「変温動物」は呼吸方法というクライテリアで「魚類」「両生類」「爬虫類」に分けられる……というように〝分け〟ていくと、次頁の

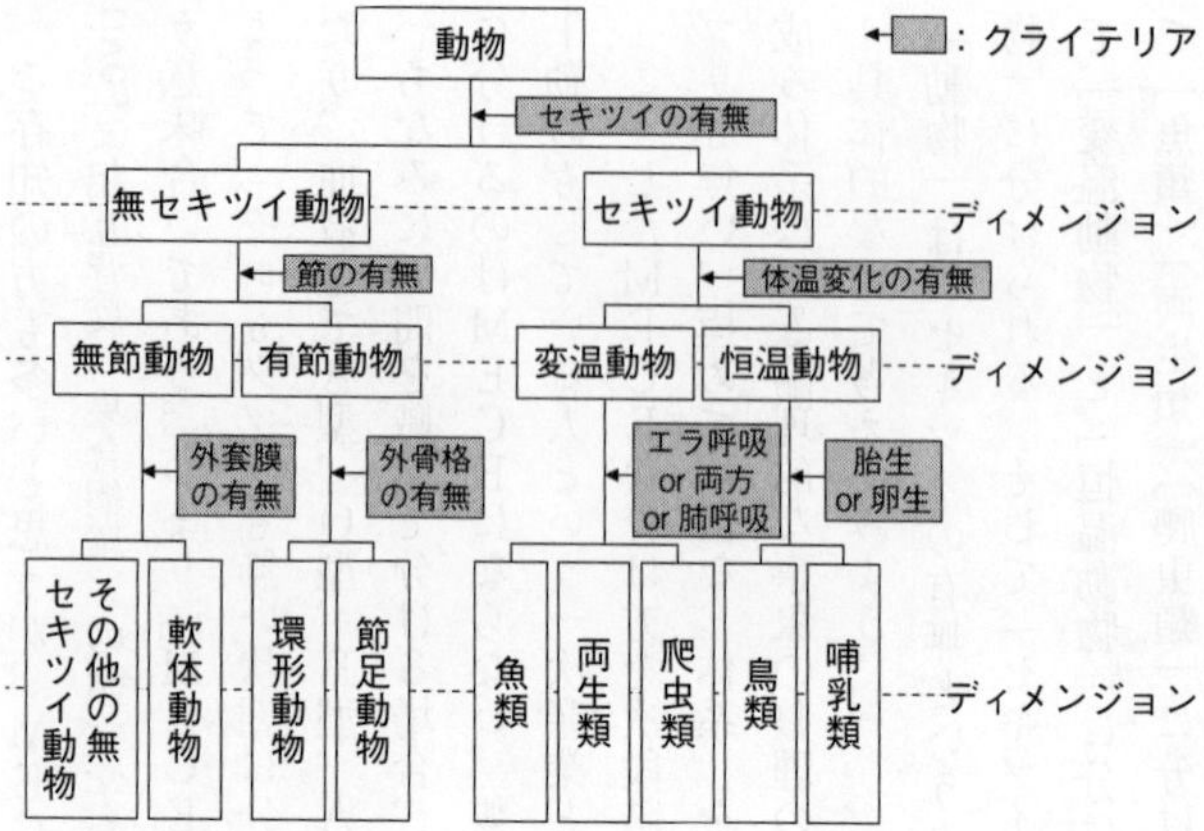

図のようにモレもダブリも無い体系ができ上がる。

この分類体系において、全ての動物は体系の中のいずれかの構成要素に属しており、また要素毎の重なり合いも無いため、これは「MECEに分けられた」体系であると言える。

そしてMECEな体系は2つの大きなメリットをもたらしてくれる。

1つは、新しい要素が出てきた時に、その要素特性をクライテリアに照らし合わせることによって、体系の中に必ず位置づけることができるということである。先の動物の体系の例では、〝それが何か〟分からない「動物」に関して、セキツイがあり、体温変化が無く、卵を産むということが分かれば、その動物が鳥類であると分かるのである。

そしてMECEな体系のもう1つのメリットは、

新しい要素が体系内のどこに位置づけられるかを判断できれば、その要素の属性全体を把握できるということである。具体的には、目の前の動物がアマダイ（魚類）であると分かっていれば、セキツイ動物でエラ呼吸の変温動物であるということが分かるという具合いである。

このように、新たな要素を体系に組み込むことができ、その特徴も明らかになるというのがＭＥＣＥな体系および分け方の大きなメリットである。

ここまでの説明からも明らかなように、ＭＥＣＥな分け方というのは、先に説明してきたディメンジョンとクライテリアの適切な設定によって達成されるものである。すなわち、〝分ける〟スキルの３つ目の要件「分けられた結果がＭＥＣＥ」であることは、１つ目の要件「ディメンジョンの統一」と２つ目の要件「適切なクライテリアの設定」が成立した上で、初めて満たすことができるものである。

あるひとまとまりの知識をＭＥＣＥな体系に整理しておくことによって、次項で紹介していく「繋げる」スキルの活用範囲もぐんと広がることになる。知識は情報の比較対象として用いられるが、その比較対象が体系化されているということは、様々な特徴事項が一目で明らかになるということなのである。知識習得の際には、この点を意識しておくと良いであろう。

②「繋げる」スキル

論理的思考において「分ける」スキルと対《つい》で求められるのが「繋げる」スキルである。「繋げる」スキルとは、ある事象を意味的に何らかの共通事項を持った別の事象と連関させて、新しい意味合い《メッセージ》を紡ぎ出すスキルである。たとえば、スパゲティの属性の構成要素である「小麦粉」「ひも状の形状」と、うどんの属性の構成要素である「小麦粉」「ひも状の形状」とが共通事項として繋がって「イタリアのスパゲティは日本におけるうどんのようなものである」というメッセージが生まれる。あるいは、風は「流れて行く」ものであり、時も「流れて行く」ものであるという特徴が重なって「時代は風のように流れゆくものである」というメッセージになる。

このように、ある事象を「分ける」ことによって示される様々な構成要素や、あるシニフィアンとして表される事象が持つ多様なシニフィエに対して、共通の構成要素を持った別の事象や共通のシニフィエを持った別のシニフィアンが共通の要素および意味合いで繋がって、思考は展開していくのである。

この説明で明らかなように、事象および意味合いを「繋げる」とは〝考える〟ことそのものである。そして「分ける」スキルが主として思考における論理的妥当性に寄与するスキルであったのに対して、「繫げる」スキルは思考の豊かな広がりをもたらしてくれるスキルである。

このように「分ける」スキルと「繫げる」スキルは対になって良き論理的思考の車の両輪を成すのである。

「繫げる」スキルにおける重要な概念は、「コロケーション」と「アナロジー」の2点である。順に説明していこう。

コロケーション：意味の共通項で繫ぐ

「コロケーション」とは本来は言語学の用語で、「漆黒の」→「闇」とか「息せき切って」→「駆けつける」といった、通常セットで用いられることの多い言葉の連関性のことである。ただし論理的思考のスキルをテーマとする本書では、「コロケーション」を事象と事象、概念と概念の連想性・意味的連関性を表すものとして扱っていく。

「コロケーションとは事象と事象、概念と概念を意味的連関性によって繫げることである」ということを、具体例を用いて説明してみよう。

「☆」という記号が提示された時、まず「星だ」と認識するであろう。コロケーション（正確には意味的想起のコロケーション）が働かなければ、「星だ」で終わりである。

一方、コロケーションが働くと、「☆」→「星」→「恒星、惑星、衛星……」とか「水星、金星、地球、火星、木星、土星……」とかへと、「☆」から想起する意味内容《メッセージ》は広がっていくだろう。

他にも「☆」→「旧日本陸軍の帽章である」→「桜の花を支えて守る、ガクを表している」→「花は散っても、ガクは散らない」とか、「☆」→「五芒星」→「陰陽道の魔除けの呪符」→「安倍晴明のライバルであった芦屋道満は六芒星✡が紋であった」→「六芒星✡はイスラエルの国旗の紋章」といったように、次々にイメージを膨らませ、メッセージを展開していくことができる。

このように、ある事象や概念に対して別の事象や概念を想起し、「繋げる」ことによって新しい意味合い《メッセージ》を得ることができるのがコロケーションの力であり、1つの事象や概念からどれくらい多くの事象や概念を想起することができ、どれくらい多様な意味合い《メッセージ》を得ることができるのかがコロケーションスキルの大きさになる。

では、このコロケーションで具体的にどのような情報処理作業が行われているのかというと、思考対象の事象、もしくはその構成要素が、自分の持っているどのような知識および経験の情報要素と重なり合いを持っているのかの探索である。先の例で言えば、旧日本陸軍を示すシンボルとして、軍旗には旭日旗を、帽章には〝星〟章を用いているという知識を持っていれば、「星」という情報要素の重なりで、「☆」→「旧日本陸軍の帽章」というように意味的連関を以て想起できるのである。

また、旧日本陸軍の帽章が「桜の花を支えるガクを表象している」とか「桜の花は散っても、ガクは散らない」という意味合いが込められて設定されたものであることを知っていれば、例に示したように想起できる意味内容《メッセージ》は一層広がるし、さらに旧日本陸軍と旧日本海軍との関係性やそれぞれの美意識・価値観についても想像を広げていくことができる。

これは逆に言えば、事前の知識を持っていなければ、このような連続的な想起が起こり得ないということでもある。「☆」が旧日本陸軍の帽章であると知らなければその繋がりに気づきようが無いし、五芒星と陰陽道との関連性を知らなければ、その繋がりにもまた気づくことはない。コロケーションは知識や経験の蓄積をベースにして成立する思考スキルなのである。

ただしコロケーションの力は知識と経験の総量だけで決まってしまうのかというと、そうではない。限定的な知識や経験からでもより多くの想起対象を導くための手立てはある。その手立て、すなわちコロケーションのスキルとは、意識的に多様なクライテリアを適用してみることである。

たとえば先の例で登場した「桜の花とガク」に対して、「役割」というクライテリアを適用すると「支えられる花と支えるガク」という意味合いが得られるし、ひいては「主役と脇役」という関係も想起することができる。同様に、「色」というクライテリアを適用すれば「ピンクと緑（茶色）」となるし、「イメージ」というクライテリアであれば「華やかさと地味さ」とか「人を魅了するものと目立たないもの」を思い浮かべることができる。他にも、「手ざわり感」では「柔らかいと固い」、「実（種子）への貢献」では「実を結んで自らは散るものと実を育て守るもの」という想起も可能であるし、対比の関係だけではなく、「両者は常に一対」とか「色形や役割は違えども、両者はどちらも5枚」という意味合い《メッセージ》も導くことができる。

こうした多くの意味合いを導き出すためのコロケーションのスキルは、どれだけ多様な観点・切り口から考察対象を見ることができるか、すなわちどれだけ多様なクライテリアを設定できるかにかかっている。ここで「桜の花とガク」に適用した役割、色、イメージ、手ざわり感……といったクライテリアは全て特別な知識を要するものではない。「☆」と旧日本陸軍との関係や「☆」と安倍晴明との関係を知らなくても、限られた知識と経験の範囲の中だけでも意識的に様々なクライテリアを探して適用することによって、コロケーションは働き、思考を多様に伸びやかに展開させていくことができるのである。

アナロジー：構造の類似性で繋ぐ

コロケーションに加えて挙げておくべき「繋げる」スキルが「アナロジー」である。

アナロジーとは「よく知らないこと（未知の事象）を、よく知っていること（既知の事象）に当てはめて／なぞらえて推論すること」で、端的に言うと「類推／たとえ」である。〝たとえ〟と言えば、「ハワイは太平洋の真珠だ」とか「君の笑顔は大輪の花だ」といった表現形式をとるメタファー（暗喩）も挙げられるが、アナロジーは「外科医にとってのメスは、野球選手にとってのバットのようなものだ」とか、「企業が抱える問題について診断し、解決策の提案を行い、時にはその解決策の実行まで手伝う経営コンサルタントは、企業に対するお医者さんのようなものだ」というように通常〝ような〟を用いた表現形式を取り、メタファーと比較すると、なぞらえる対象の構造や周辺情報までを含んだ類型化であるのが特徴である。

実際にアナロジーがよく使われるのは、話の聞き手や文章の読み手がよく知らない事柄を、聞き手や読み手がよく知っている事柄になぞらえて表現する場合である。よく知らない分野のことでも、自分がよく知っていることと重ね合わせて解釈することによって、未知の情報が自分の知識・経験と繋がって、「それがどういうものなのか」を理解することが可能になるのである。

このようにアナロジーは聞き手や読み手の理解を助けるものとして使われることが多いのだが、実は思考者がよりよく考えるためにも有効である。

思考者にとってアナロジーがどのように機能するのかを説明しておこう。

アナロジーは、未知の事象をその事象と類似した特徴・性質を持った既知の事象になぞらえることによって、その未知の事象の理解を図るものであるが、実はそれだけでなく、その時点で分かっていた類似的要素以外のファクターにまで理解と推論を広げることを可能にしてくれる機能を持つのである。

具体例を使って説明しよう。

「経営コンサルタントは企業のお医者さんのようなものである」というアナロジーを考えてみよう。医者は患者を診断し、症状の原因を突き止め、治療方法の判断を行って処方箋を書き、薬を出したり手術をしたりする。医者の仕事のこのプロセスは多くの人がよく知っている。このプロセスに経営コンサルタントの仕事のプロセス、すなわち、相談に来た企業に対して、事業運営や組織制度の調査・分析を行い、問題が発生している原因を特定し、問題解決の施策を立案・報告して、その実行までお手伝いするというプロセスをなぞらえて、「経営コンサルタントは企業のお医者さんのようなものである」というアナロジーが成立しているのである。

思考者にとってここまでがこのアナロジーを考えつくための知識・経験の範囲だとすると、思考者自身もこのアナロジーを前提にして次段階の推論をすることが可能になる。この例で言えば、思考者は経営コンサルタントと医者の仕事のプロセスの類似性を知っていて「経営コンサルタントは企業のお医者さんのようなものである」というアナロジーを考えついたのだとしても、その時点では思考者が知らなかった範囲にまでこのアナロジーを起点にして推論していくことができるのである。

たとえば、「（医者は儲け主義に走って治療費をふっかけてはならないので、）経営コンサルタントは報酬《フィー》をふっかけてはならない」といった経営コンサルタントの報酬規定や倫理規定を類推したり、「（医者は試薬検査や画像診断だけでなく、患者に対する問診や触診も重要であるので）経営コンサルタントはデータ分析や書類調査だけでなく、現場に出向いて従業員の話を直接聞いたり、現場の空気を肌で感じることも重要である」という類推が可能になるのだ。つまり、アナロジーを考え出し、そのアナロジーを起点にして推論することによって、アナロジーを考え出した時点では知らなかったことまで分かることができるのである。この意味において、未知の事象と既知の事象を「繋げる」スキルであるアナロジーは、推論の領域と射程を広げていくためのコアスキルであると言えるのである。

ちなみに、ある事象を何と繋げてアナロジーを成立させるかは、その思考者の知識と経

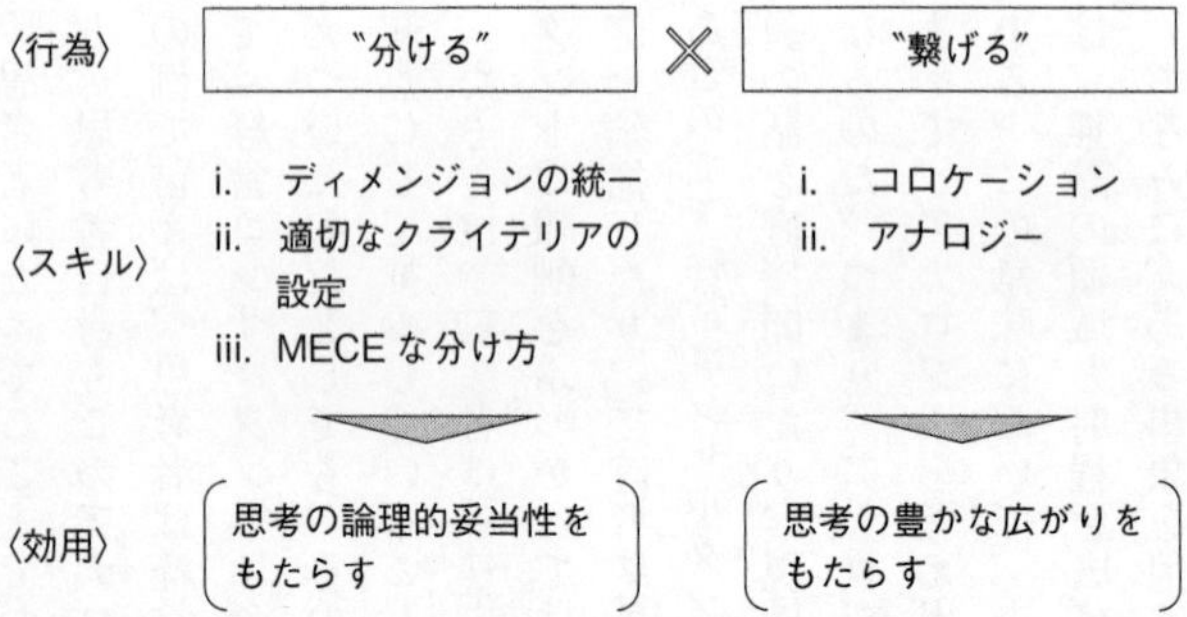

験に依る。したがって、知識と経験の豊かさが、アナロジーの対象や範囲を広げてくれる。この点においてはコロケーションと同様である。

一方、コロケーションとアナロジーの相違点もある。コロケーションはある事象と別の事象のごく一部の要素だけでも意味的連関性を想起させ得るので「☆」が「旧日本陸軍」と繫がったり「安倍晴明」と繫がったりするが、アナロジーは2つの事象のごく一部の要素だけではなく構造的な類似性を以て繫げるので、繫ぐ対象選定の自由度や多様性は相対的に小さい。その代わりに、構造的類似性に立脚しているからこそ可能な、アナロジーを起点にした推論によって、既存の知識には無かった新しいメッセージの獲得が可能になるのである。

以上、「繫げる」スキルとしてコロケーションとアナロジーについて説明してきた。前項で解説した「分ける」スキルが、思考対象を要素に分け、要素間の関係性を明確化することによって思考を行う上での論理性を担保するために有効であったのに対し、「繫げる」スキルはある事象から次の事象へ、またその次の事象へと思考を展開していくのに有効なスキルである。

本節の冒頭で「分ける」スキルと「繫げる」スキルが論理的思考における情報加工作業のコアプロセスであると提示したが、分析的に・論理的に考察対象を捉えることと、次から次へと推論を展開していくことの両方が相まってこそ強力な論理的思考が可能になるのである。

3 「定量的な判断」スキル

本章では、ここまで論理的思考のコアスキルとして「適切な言語化」スキルと「分ける・繫げる」スキルについて説明してきた。どちらも論理的思考という情報加工作業そのものというべき論理的思考の基本スキルである。

しかし、論理的思考がこれだけで成立するかというと、そうではない。

われわれが実際に論理的思考を行う時、答えが1つに収斂《しゅうれん》し、白か黒かのどちらかに決まるような明瞭・明快な対象は、現実的にはほとんど無い。世の中の様々な事象は、他の事象と複雑に絡み合っており、不確実性を有するものばかりだからである。

こうした現実の世界で有効な答えを得るための論理的思考を行うには、ある論理展開がどれくらいの確度を以て成立し得るのかを表す論理の蓋然性、すなわち論理展開の正しさの度合いを把握することが必要である。そして論理の蓋然性を把握するのに求められるのが、定量的な判断である。

この「定量的な判断」が論理的思考の3つ目のコアスキルである。

現実的な事象を対象にした論理展開に現実的有効性を与えてくれる「定量的な判断」は、「確率」と「統計」によって担保される。確率も統計も、ある事象が生起する蓋然性の大きさを数学的に示してくれる定量的情報加工の手法であり、考え方である。

まずは「定量的な判断」のスキルを構成する確率と統計について簡単に解説した上で、確率や統計をどのように論理的思考に活用することができるのかを説明していこう。

① 確率で判断する

先にも述べたように、現実世界で論理的思考を活用していくためには、蓋然性の概念に対する理解が不可欠である。「可能性として、あれもあり得るしこれもあり得る」という認識は間違いではないが、「どれが最もあり得るのか」を判断するためには、各事象の蓋然性を定量的に判断することが必要になる。ちなみに、「可能性」は「ある／ない」で判断される白黒の概念であるのに対して、「蓋然性」は「高い／低い」で判断されるグラデーション的な概念として理解しておくと良いだろう。

たとえば、「明日は雨が降るかもしれないし、降らないかもしれない」という情報が正しくとも、それだけでは現実的に有益な情報とは言えない。それらの事象がどれくらい起こり得るのかという蓋然性を捉えなければ、傘を持って出かけるべきかどうか、洗濯物を外に干すべきかどうかを判断することができないからである。

このような蓋然性を定量的に示したものを「確率」と呼ぶ。

確率を説明する有名な例はサイコロ問題で、1個のサイコロを振った時に、1〜6の目が出る確率は全て等しく、それぞれ 1/6 である。また、2回続けて1の目が出る確率は、1/6×1/6＝1/36 となる。この確率計算の結果から、「2回連続で1が出れば100万円もらえるが、そうでない場合は5万円支払わなければならない」というゲームを提示されたら、確率的判断として不参加を選択することが合理的であると分かる。なぜなら、1/36 の確率で100万円もらえるが、35/36 の確率で5万円支払うことになるので、期待値は 100×1/36－5×35/36＝－75/36 となり、このゲームは明らかに損だからである。

このように事象の発生確率を定量的に示してくれるのが確率なのである。

論理的思考における確率的判断

では、この確率の概念をどのように論理的思考に活用するのか。

先にも説明したように、世の中の事象のほとんどは不確実性をはらんでいる。確率100%の確実な因果関係が無い中で現実的に有効な答えを求めるためには、蓋然性の高い繋がりを選んで論理を構築していく必要がある。

例を挙げて説明しよう。

「風が吹けば桶屋が儲かる」という言い回しがあるが、この論理は、

i　風が吹くと道の土ぼこりが立つ
ii　その土ぼこりが目に入って盲人が増える
iii　盲人は三味線弾きで生計を立てるので、三味線に使う猫皮の需要が増える
iv　猫が減って、ねずみが増える
v　増えたねずみが桶を齧《かじ》るので、桶の需要が増える
vi　桶がよく売れて、桶屋が儲かる

というように繋がっている。

ここで、i「風が吹くと道の土ぼこりが立つ」という命題の蓋然性は高いと言えても、

ⅱ「土ぼこりが人の目に入り、その人が盲目になってしまう」確率は極めて低いだろう。同様に、ⅲ「盲人が三味線に使う猫皮需要の増加」はある程度の蓋然性を有するが、ⅳ「猫が減ってねずみが増え」たからといっても、ⅴ「ねずみは桶ばかり齧る」わけではないので、その蓋然性はそれほど大きなものにはならないはずである。このように、一連の論理展開の中に蓋然性の低い繋がりが組み込まれると、最終的な結論の確からしさはほとんどゼロに近くなる。

それぞれの論理の確からしさについて、定量的に推量してみると、おおよそ以下のような感じになるだろう。

ⅰ：95％
ⅱ：1％
ⅲ：50％
ⅳ：90％
ⅴ：5％
ⅵ：95％

上記のように確率を仮置きすると、最初のⅰから結論のⅵが導き出される確率は僅か0・02％であり、よほどのことがなければ生じ得ない結論だということが分かる。また、もしiiやvのような極端に蓋然性の低い繋がりがこの論理展開のプロセスに入っていなければ、確率は41％にまで上がる。このように1つ1つの論理の繋がりの強さを確率的に判断してみると、全体としての結論の蓋然性がどの程度になるかという、定量的推定が可能になるのだ。

また、このように論理展開のプロセスの確率を判断することは単に結論の確からしさを検証するだけではなく、結論を導くプロセス全体の中でどこの確度が高くどこが弱いのかという、論理展開プロセスのパートチェックにも有効である。そしてその論理展開プロセスの弱点を把握することによって、弱点を補強したり、論理展開の方向性を修正したりすることができ、最終的に最も高い蓋然性を有する結論を導くことが可能になるのである。

さらに、確率を活用した論理的思考は客観的な蓋然性を提示してくれるので、人間が直感的判断によって落とし穴にはまってしまうのを防ぐ効用もある。

これも例を使って説明しよう。

「ある国では男性1000人に1人の割合（0・1％）で、ある重篤な感染症に罹っている。そしてこの感染症には精度の高い検査薬があって、感染症に罹っていれば98％の確率で陽性反応が出る。ただし、感染症に罹っていない場合にも1％の確率で陽性反応（偽陽性）が出てしまう。今、ある男性に陽性反応が出たとして、この男性が感染症に罹っている確率はどれくらいだろうか」

仮に自分がこの検査を受けて陽性反応が出たら、検査薬の精度は98％だし、偽陽性の確率はたったの１％でしかないしと考えると、絶望的な気分に襲われるのではないだろうか。

しかし、このケースでも先に紹介した「サイコロを振って１００万円もらうか、５万円払うかのゲーム」のように、各事象が起きる確率を丁寧に追って考えていけば直感とは違ったリアリティが見えて来る。

ⅰ　そもそもこの男性が感染者である確率は０・１％である。

ⅱ　この検査薬で陽性反応が出るのは、次のａ、ｂの２パターンである。

ａ）０・１％の感染者が98％の精度で正しく陽性と判定される場合

：0.001×0.98＝0.00098（０・０９８％）

ｂ）99・９％の非感染者が１％の確率で誤って陽性と判定される場合（偽陽性）

：0.999×0.01＝0.00999（０・９９９％）

ここで、陽性という判定結果が出た場合に、実際にこの男性が感染者である確率は、

a/(a+b) となるので、

a/(a+b)＝0.098/(0.098+0.999)＝98/1097≒0.089（８・９％）

である。

また、陽性という判定結果が出たにもかかわらず、実際にはこの男性は感染していなかった（偽陽性）確率は、1－0.089＝0.911（91・1％）である。

つまり、この検査で陽性が出てしまったからといっても、本当に感染している確率はわずか9％ほどで、実際は感染していない確率が91％であり、まだまだ絶望する必要はないのである。

この例は、心理学や認知科学の分野では有名な「感染者問題」というケースなのだが、人間の直感的な判断や感覚の不確かさを実感することができるだろう。

このように直感的な判断では事象を正しく把握・理解することが難しいケースでも、確率を活用して事象の蓋然性を定量的に判断すれば、正しい現実の姿が見えることが少なくない。

まさに確率は現実的に有効な論理的思考を行うための有力なトゥール（道具・手段）なのである。

② 統計的に判断する

「定量的な判断」のスキルを理解する上で、「確率」と並んで重要なのが「統計」である。

「統計」とは、「ある事象に関する定量的データが整理されたもの」である。

ちなみに、統計は先に説明した確率とセットで「統計・確率」として扱われることが多い。これは、サイコロを振って1～6までの数が出る確率は全て1/6であるとか、出生時の赤ちゃんが男の子である確率は51・2％（2017年）であるといった世の中のほとんどの確率は、全て統計に基づいて算出、検証されて成立しているからである。

われわれは統計を使うことによって、ある事象の全体像を定量的に把握・理解することができる。たとえば、学生時代の試験でお世話になった「平均点」や「偏差値」は、ある試験を受けた人たち全体の得点水準と、全体の中での自分のポジションをシンプルに分からせてくれる、代表的な統計的指標である。

このように統計は、集団的事象の全体像を定量的に扱いながら、その全体事象の中における個別事象が持つ意味合いを定量的な観点から示すことができるので、現実的な事象を対象にした論理的思考を行う上で非常に有用・有効な手法・概念なのである。

とはいえその一方で、統計の手法・概念について正しく理解していないと、事象の全体像を正しく捉えられない場合もある。基本的な統計のルールや読み取り方を押さえていないと、個別事象の評価・解釈においても誤った認識をしてしまうことに留意しておかなければならない。

たとえば、「受験生が10人、平均点は50点で、自分の得点も50点であった」という場合、

〈個別得点の分布と平均点〉

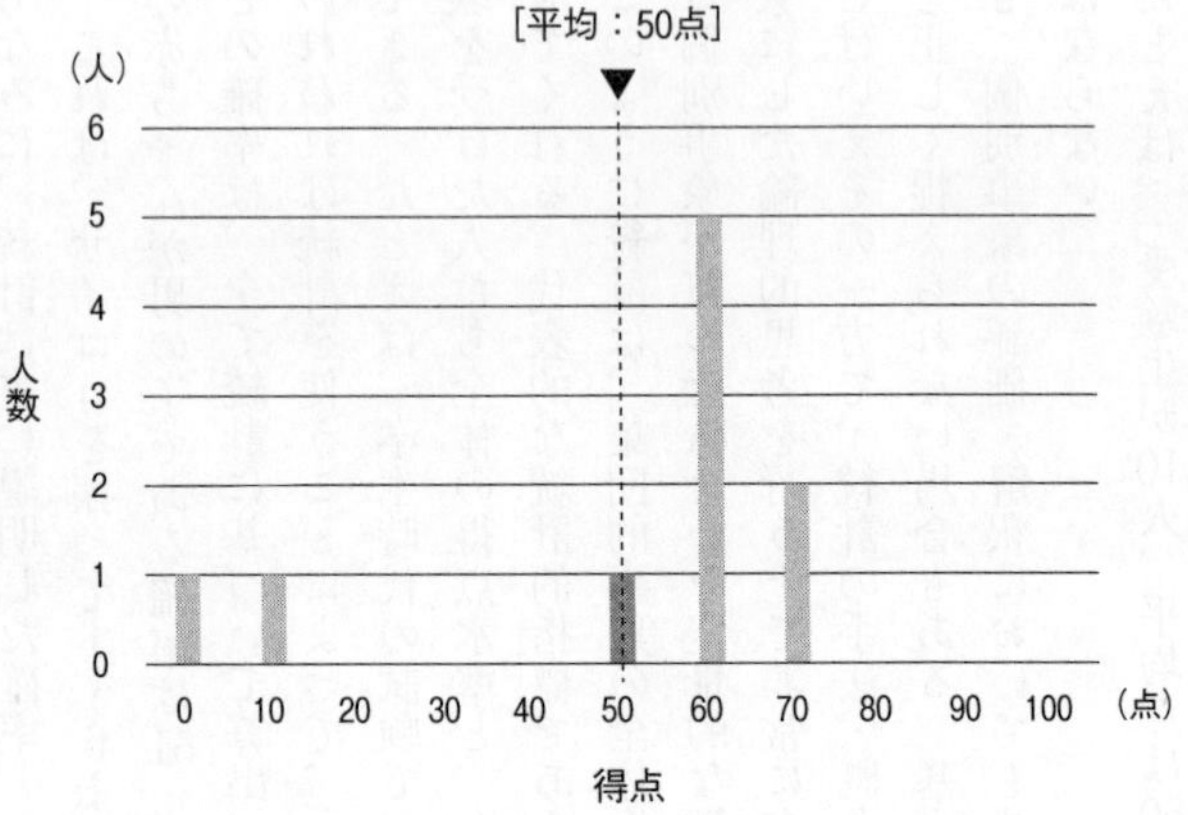

ややもすると「自分もそこそこできた」などと思ってしまいがちである。

しかし実は、10人の点数が「70点が2人、60点が5人、50点が1人（自分）、10点が1人、0点が1人」であったとしたら、自分のポジションは10人中8位というあまり冴えない結果だったことになる（上の図）。つまり「平均点」といっても、その指標が示す意味合いを正しく読み取るためには、統計に関するいくつかのポイントを理解しておく必要があるのである。

基本的な統計のルールを知る上で理解しておくべきポイントは、「代表値」および「分布の形」と「ばらつき」である。

「代表値」とは、平均値や中央値といったその統計が扱っている事象を象徴的に表す個別指標値である。

「分布の形」とは、正規分布やふたこぶ型分布といった、その統計が扱っている事象群全体を図解的に描いた時の分布の形状である。

また、「ばらつき」とは偏差や分散といった、その統計が扱っている事象群が代表値(主に平均値)からどれくらい離れているかを示す度合いである。そして「分布の形」と「ばらつき」の両方で、事象群全体がどのような構成になっているのかを正確に把握することができる。

統計について正確に、専門的に理解するためにはかなり高度な数学を駆使することが必要であるが、ここでは論理的思考を行う上で統計を読み解くために不可欠なこれら3つの要点に関して、基本的な読み取り方と留意点を説明しておこう。

代表値とは何か

「代表値」の主なものは、平均値、中央値(メジアン)、最頻値(モード)の3つである。平均値は全てのデータを平均した値であり、中央値は全てのデータを大きい順もしくは小さい順に並べた時に中央にくる値を指す。また、最頻値は全てのデータの中で最も多く出現する数のことである。

〈1世帯当たりの平均貯蓄額〉

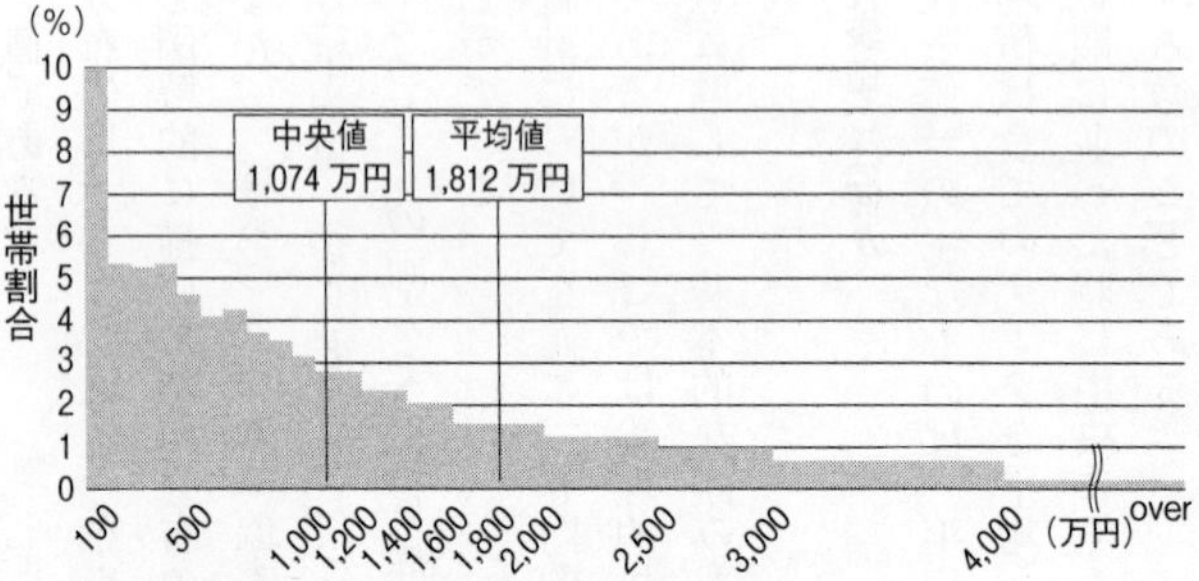

出典：総務省「家計調査報告（貯蓄・負債編）」

この3つの指標の中でもよく使われるのは平均値と中央値であるが、どちらを使うべきかは、代表値から導き出される意味合いと、その値を活用する目的とを照らし合わせて、適切な方を選ぶのが良い。

平均値は最も一般的で公正性の高い指標であるように思われるが、データの中に外れ値があったり、分布が偏っていたり、もしくは統一性が無かったりすると、集団全体の状況を把握するのに適した指標とは言えなくなる。

たとえば、日本における1世帯当たりの平均貯蓄額は1812万円（2人以上世帯／2017年）であるが、実際に1812万円以上の貯蓄を保有している世帯数は、全世帯3432万世帯のうち3分の1の1132万世帯しかない。一方、1世帯当たりの貯蓄額の中央値は1074万円（※貯蓄ゼロ世帯を含めると1016万円）であり、平均貯蓄額とは大きな差がある（右頁の図）。自分の家の貯蓄額が日本の中でどのくらいのポジションにあるのかを知ろうとするならば、平均値と比べるよりも、中央値を参考にすべきであろう。

このように、どの代表値を採用するのが有為なメッセージに結びつくのかは、次に示すような、事象群の全体像がどのような分布になっているのかを表す「分布の形」と「ばらつき」によって決まるのである。

分布の形とばらつきを掴む

次に、事象群全体がどのような特徴および特性を持っているのかを示す「分布の形」と「ばらつき」について説明しよう。

まず「分布の形」にはどのようなものがあるか、見てみよう。

自然界の事象についてデータを集めてみると、その多くは「正規分布」（ガウス分布）と呼ばれる富士山のような左右対称のなだらかな一つ山の曲線を描く。たとえば20代の男性の身長や、ある桜の葉の大きさ（長さでも、面積でも）や、イワシの群れにおける個体毎の重量といった自然界の事象のデータを集めて計測してみると、驚くほど多くのケースでこの正規分布の形状を描くことが見て取れる。また、サイコロ2個を振って出る目の和のような算術的な事象に関しては、試行回数が少ないと正規分布になりにくいが、回数を増

〈正規分布〉

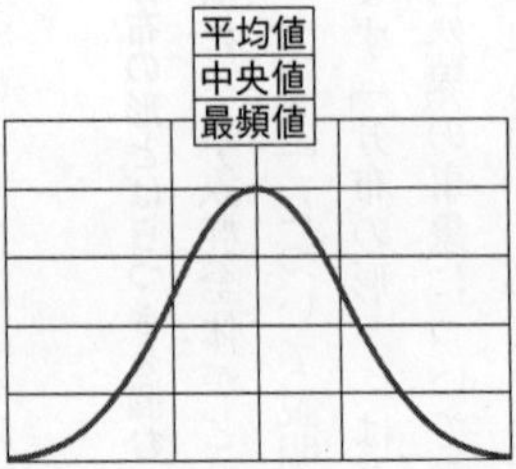

〈ふたこぶ型分布〉

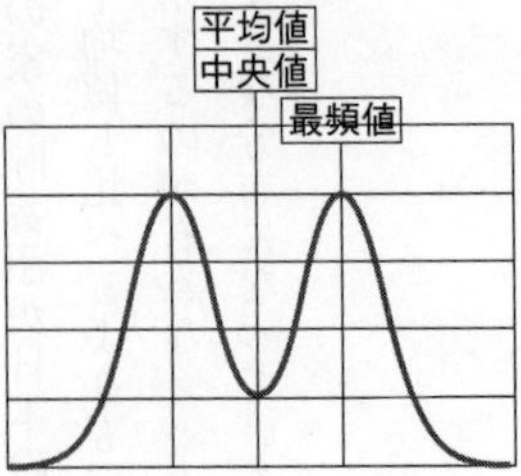

〈べき分布〉

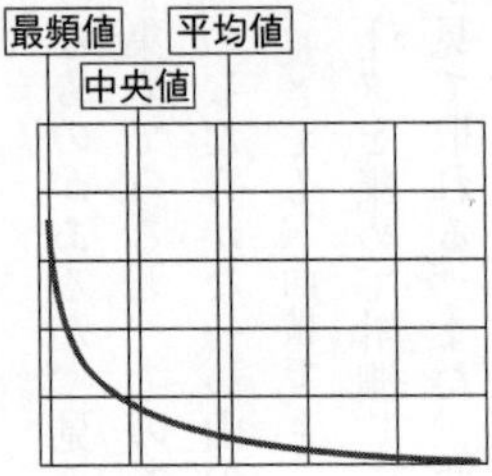

やすに従って正規分布に近づいていく（これを「大数《たいすう》の法則」という）。

このように、最もベーシックで統計的意味合いも強い分布の形が「正規分布」である。

なお、正規分布以外の分布の形としては、ふたこぶ型分布、べき分布、一様分布などが存在する。

ふたこぶ型分布は、成績の分布など二極化が起こりやすい場面で見られる分布であり、べき分布は先ほど挙げた世帯別貯蓄額やウェブマーケティングにおけるロングテールやパレートの法則に代表されるように、経済現象や社会現象で見られることの多い分布の形である。一様分布は、サイコロの目の出方のように全ての要素がほぼ等しい値を持つ分布の形である。

ちなみに、正規分布は平均値＝中央値＝最頻値であったのに対して、ふたこぶ型分布は平均値≒中央値≠最頻値であり、べき分布は平均値＞中央値＞最頻値となるのが特徴である。

このように様々な分布の形が存在するが、正規分布においては、その「ばらつき」にも特徴がある。「ばらつき」の特徴を示す指標は「偏差」と「分散」、そして「標準偏差」である。

まず「偏差」とは、個別のデータが平均値からどれくらい離れているかを示す値のことである。つまり、個別データと同じだけの数の「偏差」が存在する。そしてこの「偏差」を二乗して全て足し合わせ、平均を取ったものを「分散」と呼ぶ。この「分散」はデータの「ばらつき」の度合いを示し、「分散」が大きければ大きいほど、「ばらつき」も大きくなる（「偏差」はプラス・マイナス両方の値をとるが、「分散」は必ずプラスの値となる）。

さらに分散の平方根をとったものを「標準偏差」と呼び、正規分布ではこの標準偏差において、興味深い特性がある。

標準偏差は、standard division の頭文字 s のギリシャ表記 σ（シグマ）と書き表される

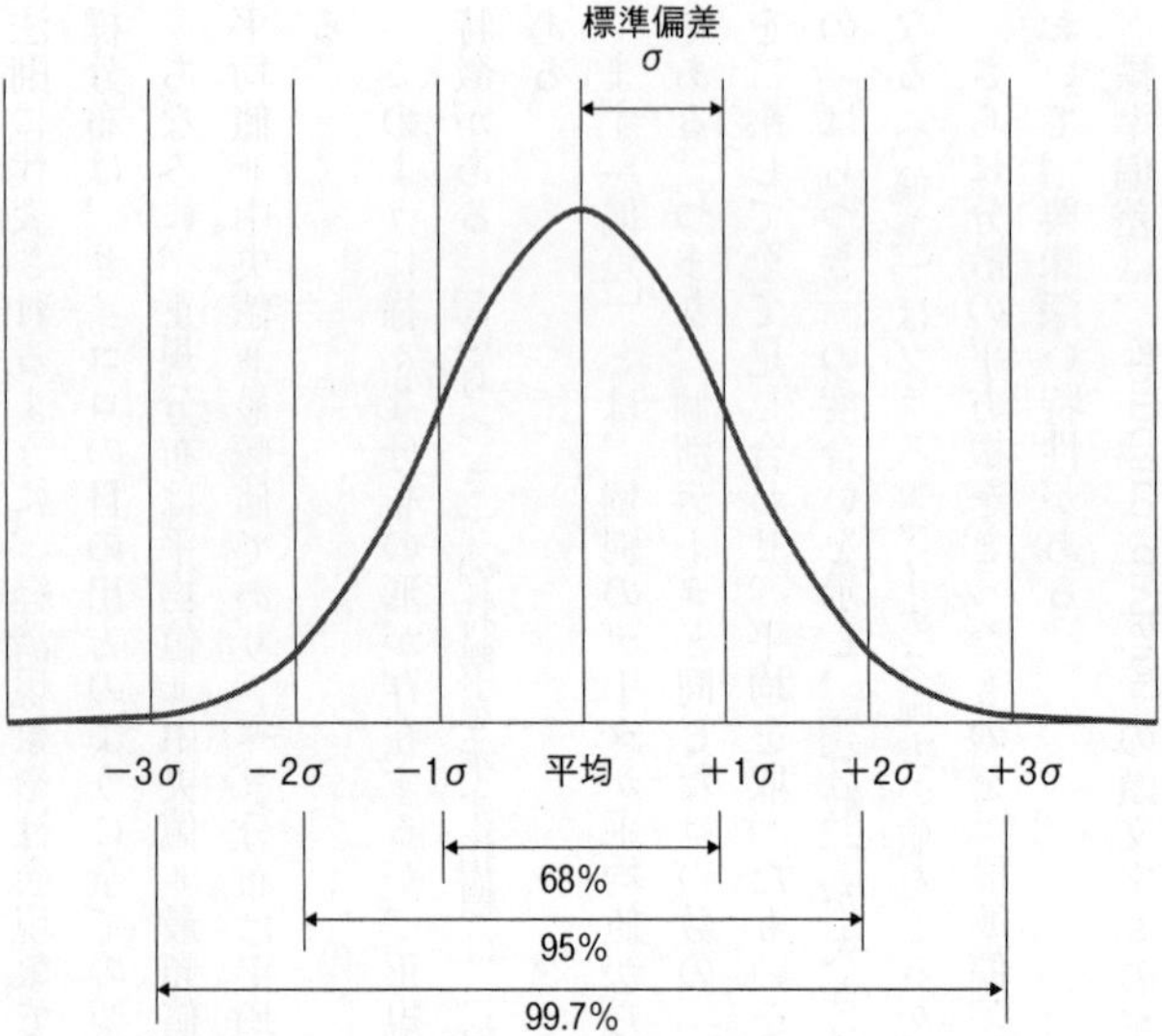

が、上の図に示したように、正規分布において平均から±σの面積は約68%、すなわち、平均から±σの範囲内に全体の68%が入っているという性質がある。同様に、±2σでは約95%が、±3σでは約99・7%が、この範囲に入っていることになる。そしてこの±σで68%、±2σで95%といった面積の割合は、正規分布でありさえすれば分散=ばらつきの大きさに関係なく、山高型だろうが、平たい山型であろうが、常に一定なのである。

この特性が意味していることは、全データの平均値と標準偏差が判明していれば、ある1つのデータが全体の分布のおおよそどのあたりに位置するのかが、一目で分かるということである。おなじみの「偏差値」はこのような標準偏差の特性を活用したもので、平均を50、標準偏差を10とした正規分布に調整した時のポジションを示す数値である。つまり、たとえば偏差値が60の人は、分布上50＋σに位置し、100人の集団の中では上位15〜16番目位の順位であり、また偏差値が70の人は、上位2〜3番目ということになる。

統計は、身の回りのミクロな事象と、マクロな事象を定量的に結びつける。そのような意味で、統計的判断は定量的判断の1つの大きな柱になると言えるであろう。

以上、「定量的な判断」を行うために必要な「確率」と「統計」について解説してきたが、実際の思考場面においてはデータが整理された統計も、適切な統計に基づいて算出された確率の理論値もなしで思考せざるを得ないことが大半であろう。

しかし、論理的思考を行う上で重要なのは、事象の蓋然性＝事象の生起確率を意識して事象と事象、命題と命題を繋ぐことであり、必ずしも確率と統計に基づいた厳密な定量化でなければならないというわけではない。Aという事象からBという事象へと繋がっていく蓋然性と、Aという事象からCという事象へと繋がっていく蓋然性と比べてみた時、正確な確率が分からなくても実感値や経験則的に明らかにCの蓋然性が高ければ、A→Cの方がA→Bよりも強い論理展開を組めるということが意識できればよいのである。

つまり、「定量的な判断」のスキルを実際の思考場面に活用するということは、必ずしも具体的な確率や統計データの数値を判断の根拠に置かなければならないということではなく、事象の蓋然性について注意を払いながら、確率的なものの見方、統計的なものの見方に基づいて判断を行うということなのである。

③ 確率と統計に基づいた論理的思考

ここまで定量的な判断を担保するための手法および技術として確率と統計について説明してきたが、確率と統計を活用することによっていかに論理的思考が強化されるか、言い換えると、いかに現実的に有効な答えを得ることができるかについて、鮮やかな実例を用いて示しておこう。

昔から飛行機の墜落事故があるたびに、やはり飛行機は危ないとか、いや実際は自動車の方が死亡事故は多いといった話になる。この「飛行機と自動車はどちらが危ないのか」という多くの人が興味を持っているテーマについて、確率と統計を活用した論理的思考によって答えを探ってみたケースがある。

この「飛行機と自動車とどちらが危ないのか」というテーマについては、『哲学思考トレーニング』(伊勢田哲治著、ちくま新書)という本の中で、確率と統計による考え方を提示してくれている。ここでは『哲学思考トレーニング』での検討と試算を著者なりに簡潔化した形で紹介させていただこう（『哲学思考トレーニング』の出版が２００５年のため、ここで使われている統計データは２００３年までのものである。ただし、論理的思考に確率・統計を活用する事例としては問題無いと考えるので、統計・データともにそのまま紹介させていただく）。

この問題にアプローチするには、まず「飛行機と自動車はどちらが危ないのか」というテーマについて、「危ない」ということの定義が必要であるが、ここでは「危ない＝死亡事故に遭遇する＝事故で死亡する」ということにしよう。

i　この「危ない＝事故で死亡する」という定義に基づいて、飛行機事故と自動車事故でどちらの方が多くの人が死んでいるかを調べると、２０００年度の飛行機事故による死者数は９人、自動車事故による死者数は９０６６人と、比較にならないほど自動車事故による死者数が多い。比率でいうと、自動車の方が飛行機の約１０００倍も危ないことになる。

・飛行機事故による年間死者数：９人
・自動車事故による年間死者数：９０６６人

ii　ただし交通機関で事故に遭う確率が移動距離に関係していることは、誰もが納得する

〝考慮すべき条件〟であろう。したがって、どれくらい多くの人がどれくらいの距離を移動した時に死亡事故が発生するのかという観点で、「危なさ」を補正することが必要である。

実は、交通手段の安全性については、延べ移動距離に対する死者の比率で表すという標準指標があり、「人/人キロ」という単位が用いられる。この数値で比較してみよう。2000年の飛行機による延べ移動距離は797億人キロ、自動車は9512・5億人キロである。ⅰで示したそれぞれの死者数をこれらの延べ移動距離で割ると、単位移動距離当たりの死者数が算出できる。

・飛行機事故による移動距離当たり年間死者数(2000年度)
:9人÷797億人キロ≒0.01人/億人キロ

・自動車事故による移動距離当たり年間死者数(2000年度)
:9066人÷9512.5億人キロ≒0.95人/億人キロ

となり、ⅰの単純な死者数比較での1000倍ほどの差ではないものの、やはり自動車の方が約100倍危ないことになる。

ⅲ しかし飛行機は、大きな事故があった年には何百人もの死者が出るはずである。2000年単年度の飛行機事故死者数9人を、毎年何千人もの死者が出ている自動車事故と比較するのは適当ではないと考えることができよう。

ということで、大数の法則の考え方に基づいて、大きな事故があった年を含む1983年～2002年の20年間のデータを累積してみると、飛行機事故による死者数は計1122人、同期間の飛行機延べ移動距離は1万1490・5億人キロとなる。これらの数値を使って計算すると、飛行機の移動距離当たり死者数は、

1122人÷1万1490.5億人キロ＝0.09人/億人キロ

となる。iiの計算結果と比較して、飛行機の〝危なさ〟は9倍になった。

自動車の方も同期間で計算するのが好ましいのだが、同期間中に統計の計算方法の変更があったため、統計の連続性が成立する1988年～2002年の15年間で計算すると、自動車の移動距離当たり死者数は1・11人となる。

・飛行機事故による移動距離当たり年間平均死者数（20年間補正）

：0.09人/億人キロ

・自動車事故による移動距離当たり年間平均死者数（15年間補正）

：1.11人/億人キロ

先ほどのiiでの計算では約100倍の差であった飛行機と自動車の〝危なさ〟の差が、大数の法則による補正で約10倍に縮まってきた。

iv　さらに事故に遭って死亡するということについて冷静に考えると、自動車事故による死者は、自動車に乗っていて事故死するケースと、自動車にはねられて死亡するケースとに分けて扱う方が、移動手段としてどちらを選択するかの判断材料としてはより適切だということができる。実際、２０００年度の自動車事故での死者数９０６６人のうち自動車に乗っていた際の交通事故死者数は３９５３人と、全体の４割程度（４３・６％）である。

この比率をiiiの結果に適用して再計算してみると、自動車に乗っていて事故に遭って死亡する人の数は、

1.11人/億人キロ×0.436＝0.48人/億人キロ

となる。

飛行機事故による死者はほぼ全員が飛行機の搭乗者と考えて差し支えないだろうから、iiiの数字がそのまま使えよう。

・飛行機搭乗時の事故による移動距離当たり年間平均死者数（20年間補正）

：0.09人/億人キロ

・自動車乗車時の事故による移動距離当たり年間平均死者数（15年間補正）

：0.48人/億人キロ

飛行機と自動車のどちらを移動手段として選択するかの判断材料としての〝危なさ〟は、自動車の方がまだ危ないと言えるものの、ここにきてその差が約5倍にまで縮まったことになる。

v　ivの考え方の延長として、「移動手段として飛行機を選ぶのと自動車を選ぶのとではどちらが危ないのか」という問題をさらに別の解釈、別の計算方法で検討してみると、また別の結果を得ることができる。

どのような計算かというと、飛行機あるいは自動車に何回乗ると死亡事故に遭うのかという、それぞれの利用回数に対する〝危なさ〟の比較である。

ii〜ivでは「人キロ」ベースの〝危なさ〟の比較をしてきたが、「輸送人員」という統計を使うと「利用回数」ベースの比較ができる。2000年度のデータでは、飛行機が年間0・9億回（国民1人当たり年間0・7回程度）利用されたのに対して、自動車は628・4億回（国民1人当たり1日2回程度）利用されている。この数字を使うと、飛行機、自動車の利用回数当たりの死亡事故遭遇率が求められる。

2000年度の死者数のデータを2000年度の利用回数で割って、それぞれの利用回数当たりの死者数を求めると、

・飛行機を利用する場合の利用回数当たりの死者数

：9人÷0.9億回＝10人／億回

・自動車を利用する場合の利用回数当たりの死者数

：3953人÷628.4億回＝6.3人／億回

となる。つまりこれは、飛行機は1億回の利用で10人が死ぬのに対して、自動車は6・3人しか死なないということであり、飛行機の方が自動車より1・5倍も〝危ない〟という結論になる。ここにきてついに、飛行機と自動車の〝危なさ〟の判断が逆転したことになる。

さらに、この計算方法に飛行機による死者を2000年度単年の9人という数値ではなく、大数の法則を考慮して20年間の累計データである総死者数1122人、総利用回数13・94億回を使うと、飛行機の事故死率は80人／億回となり、飛行機の方が自動車よりも10倍以上〝危ない〟ということになるのである。

以上のように、「飛行機と自動車はどちらが危ないのか」という問いに関して、統計と確率を活用して様々な答えを探ってきた。

まず〝危なさ〟を「事故死者数」と定義した上で、

i　社会全体にとっての〝危なさ〟を表す年間死者数

ii　人キロという輸送量単位当たりの死者数
iii　飛行機事故死者数の年毎の大きなばらつきを補正するための20年間データの採用
iv　自動車事故による死者数から、自動車にはねられて死亡した人数の除外（利用者にとっての〝危なさ〟へのフォーカス）
v　単位を人キロではなく利用回数とした〝危なさ〟の再定義

と、様々なクライテリアで確率と統計を活用して、飛行機と自動車の〝危なさ〟について「定量的な判断」を示してきたことになる。様々な確率と統計を駆使することによって、どんどん答えの有効性が高まっていった実感を得ていただけたであろう。

そしてこの検討のプロセスにおいて、冒頭で〝危なさ〟を〝事故による死者数〟と定義したことは、ある意味合いをどういう言葉で表すかという「適切な言語化」作業であり、i〜vは飛行機と自動車の〝危なさ〟に関する様々なクライテリアの設定＝「分けるスキル」の発揮そのものである。

このように、現実的な問題に対して的確な論理的思考を行い、有効な答えを得るためには「適切な言語化」スキル、「分ける・繋げる」スキル、「定量的な判断」スキルという、論理的思考の3つのコアスキルが相まって発揮されていることが理解できたであろう。3つのコアスキルはそれぞれに重要かつ不可欠であり、これらが統合されてこそ、強力で有効な論理的思考が可能になるのである。

4 アセットとしての知識と経験

本章ではここまで「適切な言語化」スキル、「分ける・繋げる」スキル、「定量的な判断」スキルという、正確に、豊かに、そして有効に論理的思考を行うためのコアスキルについて解説してきた。これら3つのコアスキルは、論理的思考の推進力となるエンジンそのものと言える最も重要なスキルであるのは間違いないのだが、これらのスキルを発揮させるためには、エンジンを回すためのガソリンとも言える、もう1つの必要なものがある。もう1つの必要なものとは、スキルではなくアセットとしての「知識と経験」である。3つのコアスキルの解説においても直接的、間接的に触れてきたが、これら3つのスキルはどれも知識と経験が母胎になってこそ成立し発揮され得るものである。

それぞれのスキルと対応させながら、論理的思考における知識と経験の重要性について説明していこう。

「適切な言語化」のための知識・経験

「適切な言語化」では、ある言葉とその言葉が表す意味内容を正確に知っているかどうか、またその言葉と微妙に意味内容が違う別の言葉を知っているかどうかで、思考の対象としている意味内容をどれくらい的確に言語化・命題化・文章化していくことができるのかが決まる。

事例で示してみよう。

雲を表す言葉として、入道雲と雨雲しか知らない人と、入道雲、雨雲、うろこ雲、すじ雲、おぼろ雲……と様々な雲の名前と実態を知っている人とでは、当然ながら色々な雲を知っている人の方が、言葉の意味する内容と実体とのズレ＝〝滲み〟の少ない適切な言葉を選ぶことができるし、表現できる情景のバリエーションも広がる。入道雲と雨雲しか知らない人だと、秋の爽快な情景を空と雲をモチーフにして表現することは難しい。また「桜」という言葉に美しさや春ののどかさしか感じない人と、桜の花の散り様の儚《はかな》さや潔さまで感じ取れる人とでは、「桜」という言葉を使った表現の読み取りに差が生じる。たとえば、旧日本海軍の予科練兵の制服の金ボタンには桜と錨《いかり》が使われていたが、「桜」に美しさとのどかさしか感じないと、近い将来、散っていかざるを得ない予科練兵の胸中を想像、理解することはできないであろう。

本章の第１節で紹介した「私の言語の限界が私の世界の限界を意味する」というヴィト

ゲンシュタインの言葉が示すように、知っている言葉と、その言葉にまつわる実感を伴った経験の総量が思考の広がりと論理の射程を決定するのである。つまり、論理的思考において、思考者自身の知識と経験が、論理構築の可能性と正確さを決めるのである。

「分ける・繋げる」ための知識・経験

論理的思考の情報処理のコアプロセスそのものである「分ける・繋げる」スキルも知識・経験があってこそのものである。知識・経験があってこそ、考察事象を論理的に正しく分けることができ、様々な別の事象と繋いでいくことができるのである。

たとえば、

「ウィスキーをオンザロックで飲んだら酔った」
「ワインをオンザロックで飲んだら酔った」
「焼酎をオンザロックで飲んだら酔った」
故に「飲み物をオンザロックで飲んだら酔う」

という論理展開は、共通事項をくくって一般命題化するという帰納法の論理フォーマットを満たしているにもかかわらず、われわれはこの結論が誤りであると分かる。これは、オンザロックの氷が単なる水であり、人を酔わせる機能を持たないことと、ウィスキーもワインも焼酎もアルコールを含有する酒類であり、そのアルコールこそが人を酔わせることをわれわれが知識として有しているからである。

また、

「オレンジジュースでジンを割って飲んだら酔った」
「トマトジュースでジンを割って飲んだら酔った」
「ピーチジュースでジンを割って飲んだら酔った」

故に「フルーツのジュースでジンを割って飲むと酔う」という論理展開は、先ほどの「ウィスキー～オンザロック」「ワイン～オンザロック」「焼酎～オンザロック」の論理展開と構造的には全く同じであるにもかかわらず、こちらの場合には正しいと判断できる。これも、「フルーツジュースにはアルコールは含まれない」「ジンはアルコールを含んでいる」「人はアルコールを摂ると酔う」という知識があるからである。

このように、考察事象を正しい答えに辿りつけるように〝分けて〟検討・判断することができるのは、考察事象に関係する知識・経験があってのことなのである。

「繋げる」スキルの方も同様に、知識・経験があってこそ事象と事象を様々に繋げていくことが可能になる。

前にも述べたように、「☆」という図柄を見て「星」という認識しかできないと、決して思考は広がっていかない。「☆」が旧日本陸軍の帽章であり、桜の花のガクを表しているという知識があってこそ「花として目立つのではなく、ガクとして花を支える」という旧日本陸軍の価値観や、「花は散るが、ガクは散らない」という信念に思いを至すことができるのである。すなわち、同じ1つの言葉や事象であっても、それにまつわる意味合いや関連事項を様々に知っていたり経験したことがあってこそ、様々な別の言葉／事象と思考を繋げていくことができ、柔軟で伸びやかな思考の展開が可能になるのだ。

このように、どう「分ける」のか、どう「繋げる」のかは、広さも深さも多様さも思考者の知識と経験に依拠しているのである。

「定量的な判断」のための知識・経験

「定量的な判断」においても同様である。正規分布における偏差値の意味を知らなければ、偏差値70という時の稀少性を理解することはできないし、べき分布という分布の形状を知らなければ、たとえば1世帯当たりの平均貯蓄額は1812万円なのに、1812万円以上の貯蓄を保有している世帯は全世帯のうち3分の1しか存在しないという状況を瞬時に思い浮かべるのが難しいかもしれない。

ましてやフェルミ推定において、キーナンバーとなる数値の知識が無ければ推論の組み立てようがない。日本の人口を知らなければスマートフォンの総保有台数を推論することは難しいし、主要国の1人当たりGDPや経済の成長率を知らなければ、日本の1人当たりGDPが3・8万ドル（2017年IMF統計）であるというデータを見ても、OECD諸国の中での日本のポジションの評価をすることもできない。

ある1つの定量的データは、他のデータと比較および相対化することによって意味を持つ。たとえば、日本の1人当たりGDP3・8万ドルは、アメリカの6・0万ドル／人と比べると「少ない」が、韓国の3・0万ドル／人と比べると「多い」という意味が発生する。

つまり、様々な事象が大きいのか小さいのか、有利なのか不利なのか、危ないのか安全なのかといった意味的メッセージは何と比べるのかによって決まるのであり、比べる対象に関する知識や経験があってこそ、思考が成立するのである。

以上のように、「適切な言語化」スキル、「分ける・繋げる」スキル、「定量的な判断」スキルという論理的思考のコアスキルは全て、知識と経験があってこそ機能する。論理的思考力を鍛えるに際しては、「知識や経験に頼るな、自分の頭で考えろ」と言われることも多いが、知識や経験が無ければそもそも思考することはできないのである。

論理的な正確さを追求するためにも、強靭な論理を構築するためにも、1つの事象から次々に論理の射程を広げていくためにも、広く豊かな知識と経験は必要不可欠である。その意味で、知識と経験は3つのコアスキルを機能させるための重要なアセットであり、良き論理的思考を育む母胎なのである。

第Ⅲ章

コアスキル習得の具体的方法

前章では、「適切な言語化」スキル、「分ける・繋げる」スキル、「定量的な判断」スキルという3つのコアスキルと、「知識・経験」というアセットについて説明した。

これらの3＋1要素は、良き論理的思考を行う上で必要不可欠なものであるが、頭で理解しているだけではなく、実際に活用できるようになってこそ意味がある。いくら本を読んでゴルフのスウィングのフォームを理解したとしても、時間をかけてトレーニングを積んでいかなければ実際にその通りに身体が動くようにはならないのと同じように、論理的思考のスキルも説明を聞いて理解するだけではなく、実際に繰り返し練習して体（頭）に覚えこませなければ、上手く使えるようにはならない。

しかしいざ論理的思考のコアスキルを習得しようとした時に、具体的にどのような課題に取り組むと良いのか、そして取り組むにあたって気をつけなければならないポイントはどこなのか等、その勘所を自力で見つけようとすると、これがなかなか難しい。

本章では、論理的思考力を実際にスキルとして身につけ、使えるようにしていくために、何を練習すればよいのか（what to do）と、どう練習すればよいのか（how to do）、およびどれくらいやればよいのか（練習の総時間量）について紹介していく。

1　what to do：何を練習するのか

先にも述べたように、論理的思考力を習得するためには、スポーツ同様、単に頭で分かるだけではなく、意識せずとも自然と使えるように体（頭）に染み込ませる必要がある。論理的思考力習得への一番の近道は、正しいフォーマットで繰り返し練習を積み重ねることである。本節では、脳の筋力トレーニングとしてどのような練習に取り組めば良いのか、その具体的方法として、代表例を5つ紹介する。

まず1つ目は、「タテの因果・ヨコの因果」の捕捉である。論理的思考の最も基本型である「根拠→結論」のフォームを思考回路の基盤として定着させるためには、何らかの思考対象に接した際に、「それはなぜなのか?」と因果を探る意識が自然と生じるようになることが必要である。そのためには、タテの因果とヨコの因果の両方に意識が向き、対象の因果関係を構造的に把握できるようになるようなトレーニングが有効である。

2つ目は、「ベン図」を用いた集合関係の判断である。論理構造とは、意味的集合の包含関係である。つまり事象や命題の関係性を論理的に理解するということは、事象や命題の持つ意味合いを集合関係で捕捉し、整理することなのである。そのためには、「ベン図」の活用が有効である。「ベン図」は事象と事象、命題と命題の関係性を包含／交わり／乖離《かいり》に整理し、意味的集合関係を明示化してくれるものであり、命題群や論理体系を「ベン図」に整理する練習によって論理展開の論理学的正確性を確認することができるようになる。

3つ目は、「ピラミッドストラクチャー」による体系化である。

論理構造を構成する要素を同類でくくり、ディメンジョンを整え、具象から抽象へと整理した論理構造の形式が体系であり、これはピラミッドストラクチャーで表される。したがって、まとまった事象群や文章といった思考対象をピラミッドストラクチャー化するということは、その対象全体の論理構造を明らかにするということになる。

4つ目は「フェルミ推定」による定量的感覚の訓練である。

前章の第3節で、「定量的な判断」を行う上で確率と統計の考え方を用いることの重要性を示したが、実際の思考場面においては、統計データや、それに基づいた確率を常に活用できるわけではない。「フェルミ推定」は、実際の確率や統計のデータが手元に無い場合に確率論的・統計論的に思考を展開する手法であり、限られたデータを活用して定量的判断を行う論理展開の手法である。

5つ目は「正反の立論」、すなわちある1つのイシューに対して肯定側と否定側の両方の論理を構築する練習である。

先に紹介した4つの練習方法は論理的思考力を構成するパーツとなる個別のスキルトレーニングのメニューであるのに対して、「正反の立論」はそうした様々なスキルを統合的に活用して、論理を柔軟に、自在に組み立てる力を向上させるための論理的思考の総合力トレーニングのメニューである。

以下、順に説明していこう。

①「タテの因果・ヨコの因果」の捕捉

論理とは、最も端的に言うと「根拠に基づいて結論が支えられている命題構造」である。したがって論理的思考を自分が思考する際の基本フォームとするためには、思考対象に接した時にまず「根拠↓結論」のフォーマットでとらえようとするスコープ、思考フォームを身につけることが有効である。

このことは、思考対象に対して、まず「なぜ?」という着想で接することで養われる。

このような姿勢を身につけるための有名なアプローチ法として「なぜなぜを5回繰り返す」というものがある。これは、表にあらわれている問題を生じせしめた原因(「なぜ」)

を考え、さらにその原因が生じた理由（「なぜ」）を探り……というように、事象の原因を次々と深掘りしていくことによって真因を解明する方法論である。

たとえば、「クライアントに渡す資料のデータにミスがあった」という問題が生じた時、まずその原因を「資料のチェックが不十分であった」（なぜ①）と推測する。そして、その背景にある原因をどんどん深掘りしていく。資料のチェックが不十分であった原因は「他の仕事が忙しく、時間に追われていて手が回らなかった」（なぜ②）からであり、時間に追われていた原因は「急に飛び込みの仕事が入り、資料チェックに充てようとしていた時間が無くなってしまった」（なぜ③）からであり、その原因は急に発生した仕事を「何とかなるだろうという甘い見通しで安易に引き受けてしまった」（なぜ④）からであり、その仕事を安易に引き受けてしまった原因は「その仕事にどれくらいの時間がかかるのかをきちんと把握・予測していなかった」（なぜ⑤）からである……といった具合いである。

このように「なぜなぜ5回」によって「根拠→結論」の因果関係のフォームで考察事象を捉えるということは、論理的思考を思考の基本として定着させる上で非常に有効なのである。

とはいえ、「なぜなぜ5回」には、論理的思考力を向上させるための因果関係の捕捉の手法としては不十分な点もある。

クライアントに渡す資料のデータにミスがあった

↓ なぜ①

資料のチェックが不十分であった

↓ なぜ②

他の仕事が忙しく、時間に追われていて手が回らなかった

↓ なぜ③

急に飛び込みの仕事が入り、資料チェックに充てようとしていた時間が無くなってしまった

↓ なぜ④

何とかなるだろうという甘い見通しで安易に引き受けてしまった

↓ なぜ⑤

その仕事にどれくらいの時間がかかるのかをきちんと把握・予測していなかった

「なぜなぜ5回」のアプローチは、ある1つの事象の背景にある原因を探り、またその原因を、そしてさらにまたその背後の原因をという具合いに、因果関係をタテに深掘りしていく思考スタイルである。

しかし、いくつかの並列的な原因によって引き起こされた事象の因果関係を捉えるためには、タテの因果連鎖だけでなく、並列して存在する複数の原因を把握するというヨコの因果関係の捕捉も必要である。現実の事象間の因果関係は、1つの原因から1つの結果が生じているという単純な一対一対応の関係ではなく、複数の原因が相まってある1つの事象が生起していることがほとんどなのだ。

つまり、実際の事象の因果関係は「タテの因果・ヨコの因果」で成り立っていることに留意しておかなければならないのである。

第I章で用いた例で考えてみよう。「寒い日に薄着で出かけると（原因）、風邪をひく（結果）」という因果関係は、「風邪をひいた」という事象に対する「なぜ？」の答えを「寒い日に薄着で出かけたから」としているわけである。

しかし、「風邪をひいた」ことの原因が、寒い日に薄着で出かけたことの一点だけであるとは限らない。睡眠不足や栄養不足で体の抵抗力や免疫力が落ちていたとか、人が大勢

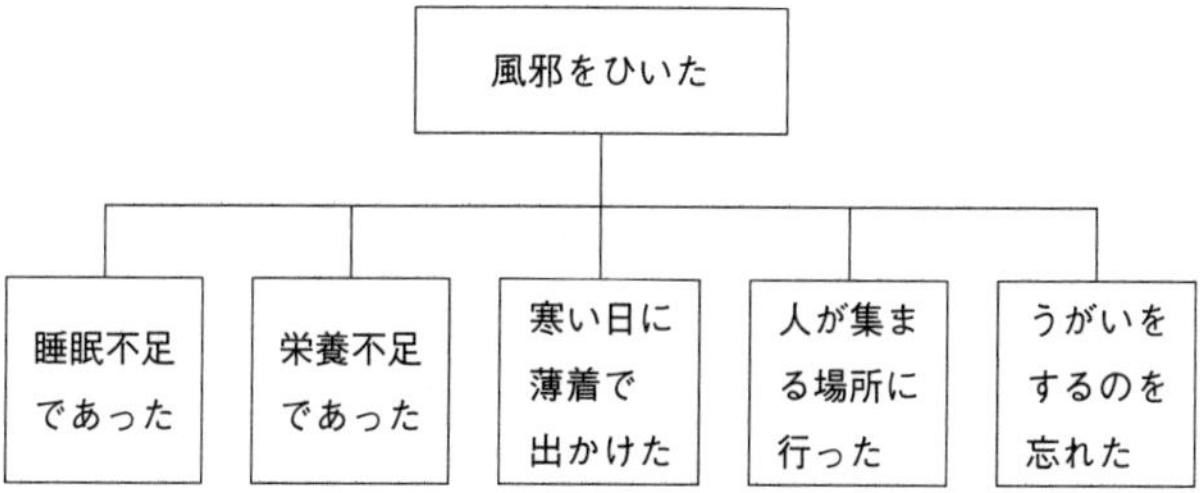

集まる場所に行ったとか、家に帰ってからうがいをするのを忘れたとか、様々な原因が複合的に合わさって「風邪をひいた」という結果をもたらしていることが多いのが現実である。

このような複数の原因の「ヨコの広がり」は、図で示してみるとよく分かる。実際の因果関係は、上の図のような様相を描くことが多い。

留意しなければならないのは、最初に思いついた原因だけを唯一の原因であるように思いこんでしまわないようにするという点である。

たとえば、「寒い日に薄着で出かけた」の次の「なぜ?」を、「今年はまだ衣替えをしていなかったので、コートを出していなかったから」とタテ方向のみに適用してしまうと、次から〝風邪をひかないようにする〟ための手立てが「厚着をする」とか「ホカロンを貼る」といった温度調整の対策に限定されてしまう。つまり本来であれば検討材料に含まれるべきである、「睡眠不足にならないようにする」とか「人混みを避ける」とか「帰ったらうがいをする」といった他の手立てを想起するチャンスを失ってしまうことになってしまうのである。

このように、現実の事象はタテの因果関係とヨコの因果関係が相まって成立しているのであり、なぜなぜを繰り返す際には、タテ（深堀り）の因果関係だけではなく、ヨコ（並列）の因果関係にも配慮しなければならない点を銘記しておく必要があるのである。

②「ベン図」を用いた集合関係の判断

次に紹介するのは、「論理とは意味合いの集合関係によって成立している」という面に注目した、「ベン図」を用いた集合関係の判断についてである。

ベン図と集合関係の基本的な考え方は高校数学の履修範囲であるため、詳細は割愛するが、各集合が共通の要素を有しているかどうかによって、集合同士の重なり方を判断するものである。たとえば集合Aと集合Bがあった時に、それらの構成要素が、

A｛1, 2, 3｝
B｛1, 4, 7｝

であれば、AとBは1という共通の要素を有しており、その部分でAとBが交わりを持つということになる（左図）。

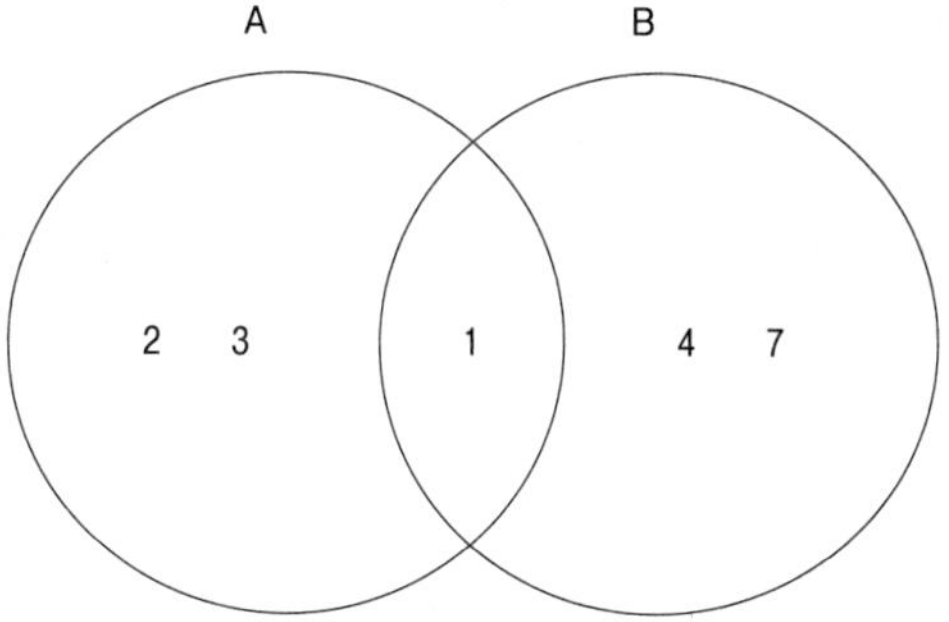

一方で、論理的思考における集合関係の判断はここまで単純明快ではない。なぜならば、各集合が扱うのは明確・明瞭な数字や記号ではなく、滲《にじ》みや多義性を有する言葉や命題であるためである。

たとえば、

C ｛冬になると庭の池が毎日凍る｝
D ｛気温が15℃以下になったら必ず暖房をつける｝

という2つの命題の包含関係を考えてみよう。

このC、Dの2つの命題には、先のA、Bの関係のようにそっくり共通している要素は無い。そのため、意味（シニフィエ）をとらずに文字（シニフィアン）だけで処理しようとすると、どこに交わりが生じているのかの判断が下せず、包含関係を作ることができない。

しかし意味（シニフィエ）をとって考えてみると、「池が凍る」ということは「気温が氷点下に下がる」ということであり、この時の気温が15℃を下回っていることは確実で

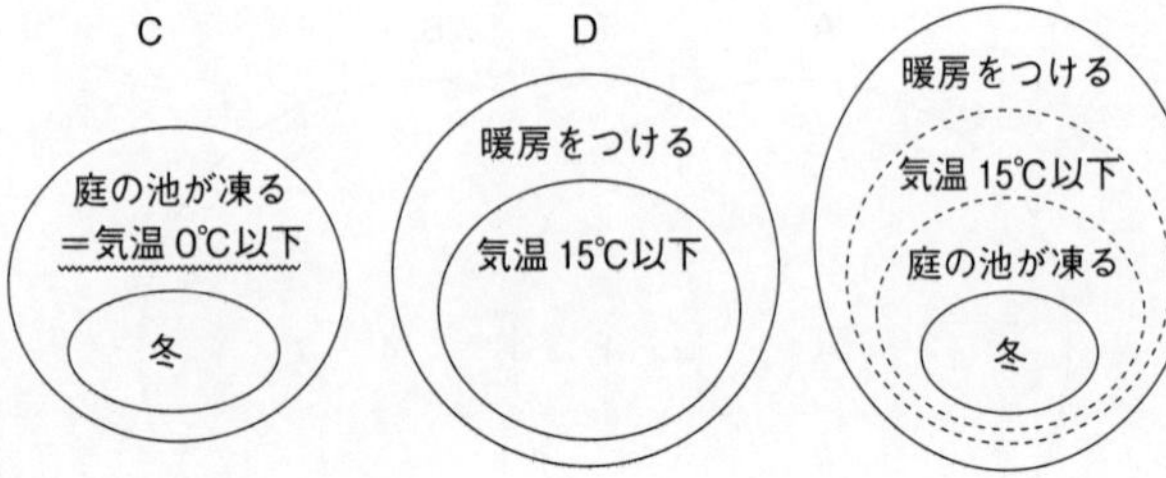

ある。つまり、

C〔冬になると庭の池が毎日凍る〕

は

C′〔冬になると気温が毎日0℃以下になる〕

ことをも意味しており、これと

D〔気温が15℃以下になったら必ず暖房をつける〕

との包含関係を考えればよい。このようなことから、

「冬になると、毎日必ず暖房をつける」

という結論を導くことができる（上図）。

ちなみに、事象間や命題間の集合関係は、ⅰ「包含」、ⅱ「交わり」、ⅲ「乖離」の3つだけである（左頁の図）。

つまり、全ての事象間、命題間の意味的集合関係はこの3つのパターンの組み合わせで表現され得るものである。一見複雑に見える命題関係や論理構造もベン図に落とし込むことさえできれば明快かつ論理的に正しいメッセージを抽出することができる。

したがって、文および命題だけでは曖昧な感じのする論理構造

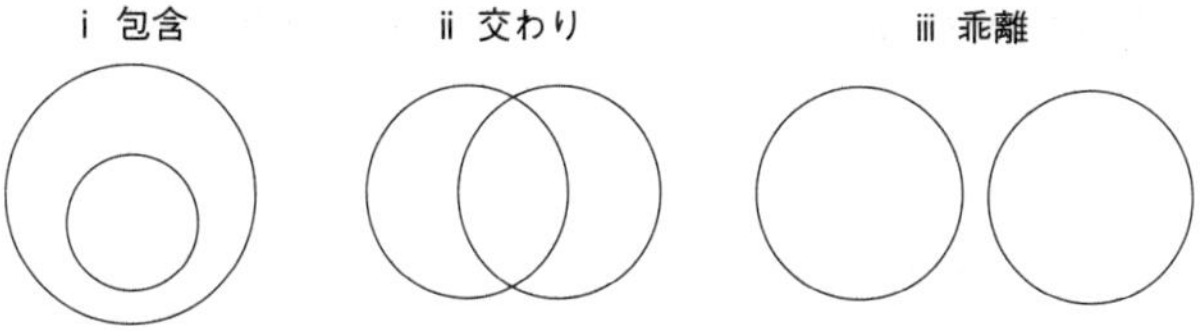

も、ベン図に整理することによって論理的に厳密な意味内容を明らかにすることができるわけである。

例を使ってこのことを示しておこう。

観察事象として、

・20歳の春子は太郎を好きになった
・20歳の夏子は太郎を好きになった
・20歳の秋子は太郎を好きになった

が示されている時、「20歳の花子は太郎を好きになるか」、また「25歳の葉子は太郎を好きになるか」という設問に対して、答えはどうなるであろうか。

まず、3つの観察事象から帰納法によって導くことができる一般化命題は

i「20歳の女性は太郎を好きになる」

あるいは、

ii「20歳の女性が太郎を好きになる」

である。

i「20歳の女性は太郎を好きになる」　ii「20歳の女性が太郎を好きになる」

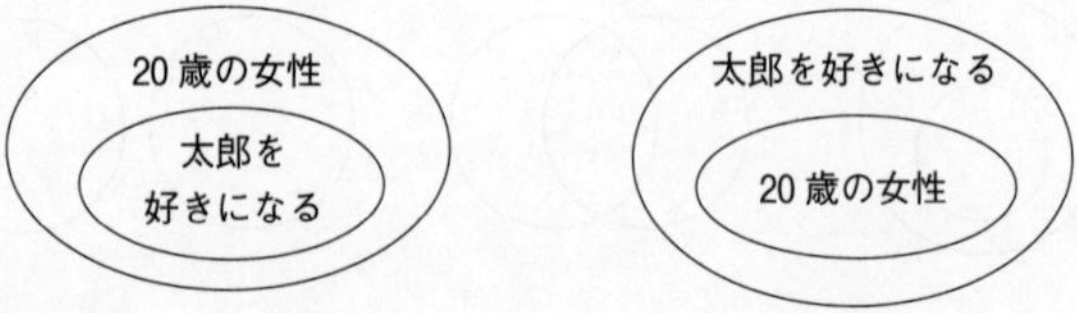

この2つの命題は微妙に意味が違っているが、3つの観察事象から論理的に導き得る結論としてはどちらも正当に成立する。そこで、この2つの結論をベン図で表してみよう。iはベン図で書くと上図の右となり、iiはベン図で書くと上図の左となる。

そして、i、iiそれぞれのベン図に20歳の花子と25歳の葉子をプロットすると、解答を導くことができる（次頁の図）。

これらのベン図が示すように意味的集合関係を整理することができれば、

i「20歳の女性は太郎を好きになる」

場合には、

「20歳の花子は太郎を好きになり、25歳の葉子は太郎を好きになるかもしれないし、好きにならないかもしれない」が答えになる。

そして、

ii「20歳の女性が太郎を好きになる」

場合には、

「20歳の花子は太郎を好きになるかもしれないし、好きにならないか

i「20歳の女性は太郎を好きになる」

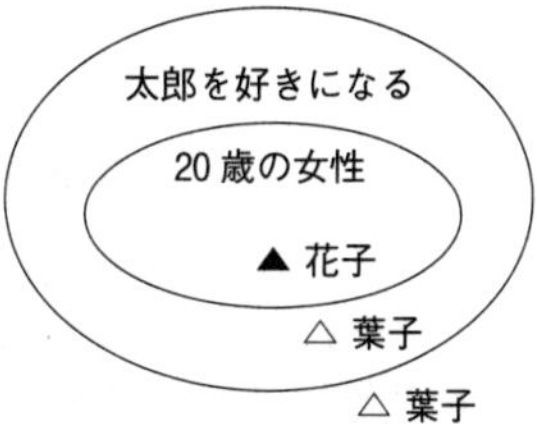

ii「20歳の女性が太郎を好きになる」

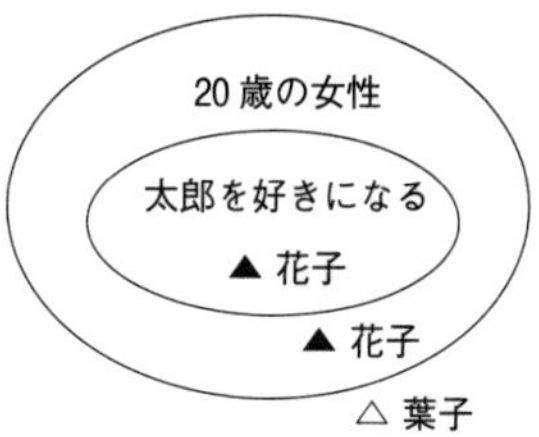

もしれない。25歳の葉子は太郎を好きにならない」が答えになる。

　このようにベン図を用いて意味的集合関係を整理すれば、多少複雑な命題関係であっても論理的に正しいメッセージを明快に導くことができるのである。

　さて、ここに示した命題同士の包含関係の問題は、論理パズルの本などに数多く載っているのでそちらを参考にしていただければと思うが、1つ面白い問題を次頁に紹介しておくのでチャレンジしてみてほしい（答えは章末に記載している）。

③「ピラミッドストラクチャー」による体系化

　前項で紹介したベン図を使った意味的包含関係の整理は、命題間の論理的関係性の理解・整理に有効であったが、「ピラミッドストラクチャー」は、文章やレポートなどの比較的大きなまとまりを持ったコンテンツを構造的に理解するのに適している。

〈包含関係の判断：例題〉

次の①～⑩の10命題から導かれるメッセージは何か。
①「この家にいる唯一の動物は猫である。」
②「月を眺めるのが好きな動物は全てペットにするのにふさわしい。」
③「私がある動物を嫌う時、私はその動物を避ける。」
④「夜徘徊しないのであれば、どの動物も肉食ではない。」
⑤「ねずみを捕るのに失敗する猫はいない。」
⑥「この家にいる動物を除くと、私にくっついてきた動物はいない。」
⑦「カンガルーはペットには適さない。」
⑧「肉食獣以外の動物はねずみを捕らない。」
⑨「私は私にくっついてこない動物は嫌いである。」
⑩「夜徘徊する動物は月を眺めるのが好きである。」
（出典：『ルイス・キャロルの知的ゲーム』）

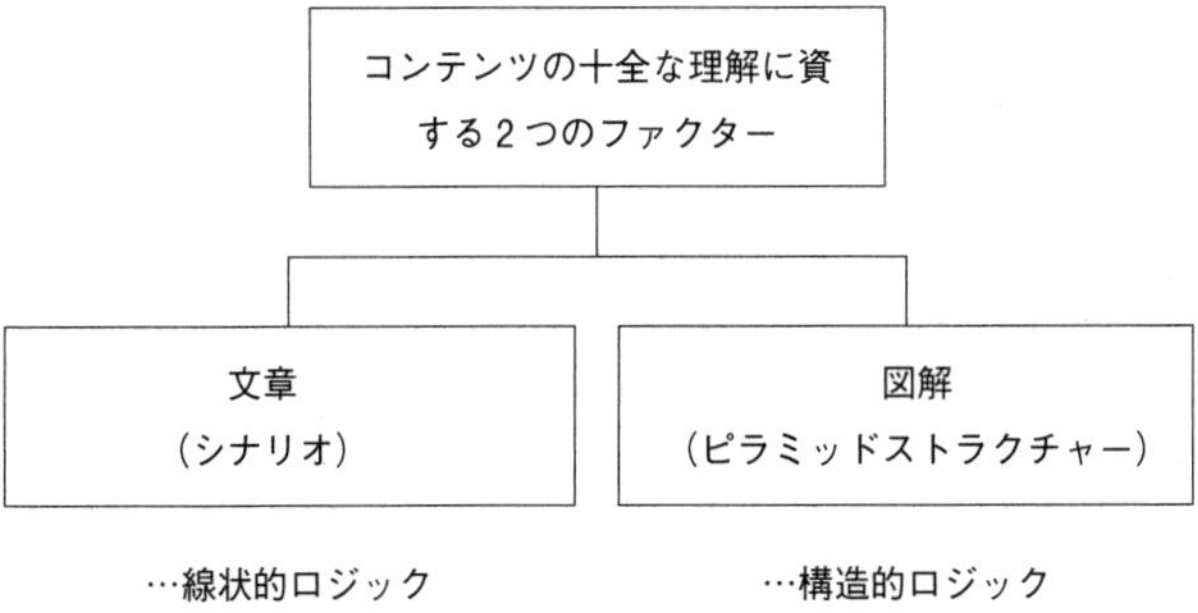

たとえば、ある程度の長さを持ったひとまとまりの文章の、結論は何か、その結論を支える根拠は何か、さらにその根拠はどのようなファクトやデータによって構成されているのかとか、その結論はどのようなサブメッセージで支えられているのかといった、コンテンツ全体の論理構造を図解的に示してくれるものである。

人がものを十全に理解するのは、思考対象を〝線状的ロジック〟である文章（シナリオ・ストーリー）で理解することと、〝構造的ロジック〟である図解で理解することの双方が揃ってこそ可能になる。そして、十全な理解の両輪である文章と図解について、文章の図解化を図る機能を持っているのが「ピラミッドストラクチャー」である。

文章やレポートといったまとまったコンテンツをピラミッドストラクチャーに整理するためには、そのコンテンツの構成要素を結論、根拠、およびそれぞれの具体的内容といったパーツに整理し、さらにそれぞれのパーツがどのように繋がっているのかを理解・解明した上で図解しなければならない。つまり、あるコンテンツをピラミッドストラクチャー化することは、そのコンテンツの論理構造を的確に解明するということであり、論理的思考の訓練には非常に有効なのである。

たとえば、本節の①で示した「風邪をひいた」という現象の原因を5つのファクターで示している図（165頁）がピラミッドストラクチャーの基本形である。

実際にピラミッドストラクチャー化を練習する上での理想的な題材としては、裁判の判決文が挙げられる。裁判の判決文は最も論理的に整理・構築された文章の1つであり、裁判所のウェブサイトから無料で簡単に入手することができるのもありがたい。

ここで実際の判決文から、1つ例題を挙げてみよう。次の判決文（176―177頁）は、あるアイドルグループの握手会を混乱に陥れた被告人に対する裁判に関するものであり、最も短い判決文の1つである。論理構造を考えながら、まずは一読してほしい。

さて、読んでいて気持ちの良い、非常に論理的かつ明瞭な文章であるが、これを構造化してみようとすると意外と迷ってしまうかもしれない。構造化の解答は1つではないが、可能な限り客観的に明確・明瞭な論理構造を心掛けて、まずは自力でピラミッドストラクチャーを作ってみて欲しい。

慣れないうちは、思考錯誤しながら何度も書き直すことになるだろう。たとえば、最初は178頁の上のようなピラミッドストラクチャーを描くかもしれないし、もしくは少し工夫して、178頁の下のような構造になるかもしれない。

いずれも本コンテンツのピラミッドストラクチャーとしては完全ではないものの、こうして試行錯誤しながらより良い構造を検討していくプロセスこそが重要である。こうしたプロセスの中で論理構造に関する感覚や論理的思考のセンスが少しずつ身についていくのである（さっさと答え合わせをしてしまうと力はつかない。成果は結果にあるが、成長はプロセスによってもたらされる）。

さて、最終的な解答の一例を179頁に掲載した。

これはあくまで一例であり、唯一の正解というわけではない。どのような構造にすれば論理的に最も整合するかを考えながら試行錯誤することによって、ピラミッドストラクチャー化、すなわち構造化の力が向上していくということを改めて銘記しておいていただきたい。

また、このようにしてピラミッドストラクチャーが完成したら、それを文章化（シナリオ化・ストーリー化）する訓練も行ってみると良いだろう。つまり、各要素に記載されている内容を材料にして文脈を生成し、読み手に構造を想起させるようなひとまとまりの文章にまとめ上げるトレーニングである。この時、本来の判決文と全く同じ文章を目指すの

平成29（わ）1240号　威力業務妨害，銃砲刀剣類所持等取締法違反被告事件
平成29年10月2日　千葉地方裁判所刑事第3部判決

【主　文】

被告人を懲役2年に処する。

この裁判が確定した日から3年間その刑の執行を猶予する。

被告人をその猶予の期間中保護観察に付する。

千葉地方検察庁で保管中の果物ナイフ1本を没収する。

【理　由】

（罪となるべき事実）

被告人は，

第1　平成29年6月24日午後7時41分頃，株式会社Aがアイドルグループ「B」の握手会を開催中であった千葉市（以下省略）C内ホールにおいて，同所に設置された第1レーン用のブースに近付き，隠し持っていた発炎筒に点火して炎及び煙を発生させ，周囲を騒然とさせて同握手会を中断させた上，同レーンにおける同握手会の中止を余儀なくさせるなどして同社の業務に支障を生じさせ，もって威力を用いて人の業務を妨害し，

第2　業務その他正当な理由による場合でないのに，前記日時・場所において，刃体の長さ約12.6 cmの果物ナイフ1本を携帯した

ものである。

（量刑の理由）

本件は，被告人が，アイドルグループ「B」の握手会が開催されていたC内ホールにおいて，発炎筒に点火して炎及び煙を発生させて，握手会を中断させ，メンバーの一部の握手を中止させるなどし，その際，果物ナイフ1本を携帯した，という威力業務妨害及び銃砲刀剣類所持等取締法違反の事案である。

被害結果は，大規模な握手会を妨害して開催会社に多大な損害を与えたものであり，犯行態様も，発炎筒の煙を発生させるというパニックを生じさせ得る悪質なものであって，果物ナイフをズボンのポケット内に携帯していたことから危険性も認められる。

被告人は，セキュリティチェックがあったため，いったんは犯行を諦めて発炎筒などが入ったリュックサックを会場外に置いて入場したが，

スタッフによって忘れ物として会場内のインフォメーションセンターに届けられて会場内でリュックサックを入手すると，再び犯行を決意して実行しており，意図的に会場内にリュックサックを運び込ませたわけではないものの，犯行を実現する意欲は相応に強かったと認められる。犯行動機は，インターネット上で中傷されていたメンバーに同情を集めるためなどという理不尽なもので，ひきこもり生活の中で悩みを相談できずに思い詰めていたことを踏まえても，酌むべき事情であるとはいえない。

他方で，業務妨害とナイフ携帯では科し得る最大限の刑が懲役4年6月であることからも明らかなように重大犯罪であるとまではいえない上，被告人には前科前歴はなく，これまで犯罪傾向は認められず，法廷において，被害会社，メンバー，ファンらに謝罪していることも考慮すると，執行猶予付の判決が相当である。そして，父親が家族による監督を誓っているものの，これまで両親との十分な意思疎通が行われないまま被告人が独りよがりに思い詰めて本件犯行に至った経緯を踏まえると，保護観察所の指導・監督の下で更生を図ることが相当である。

（求刑　懲役2年，果物ナイフ1本の没収）

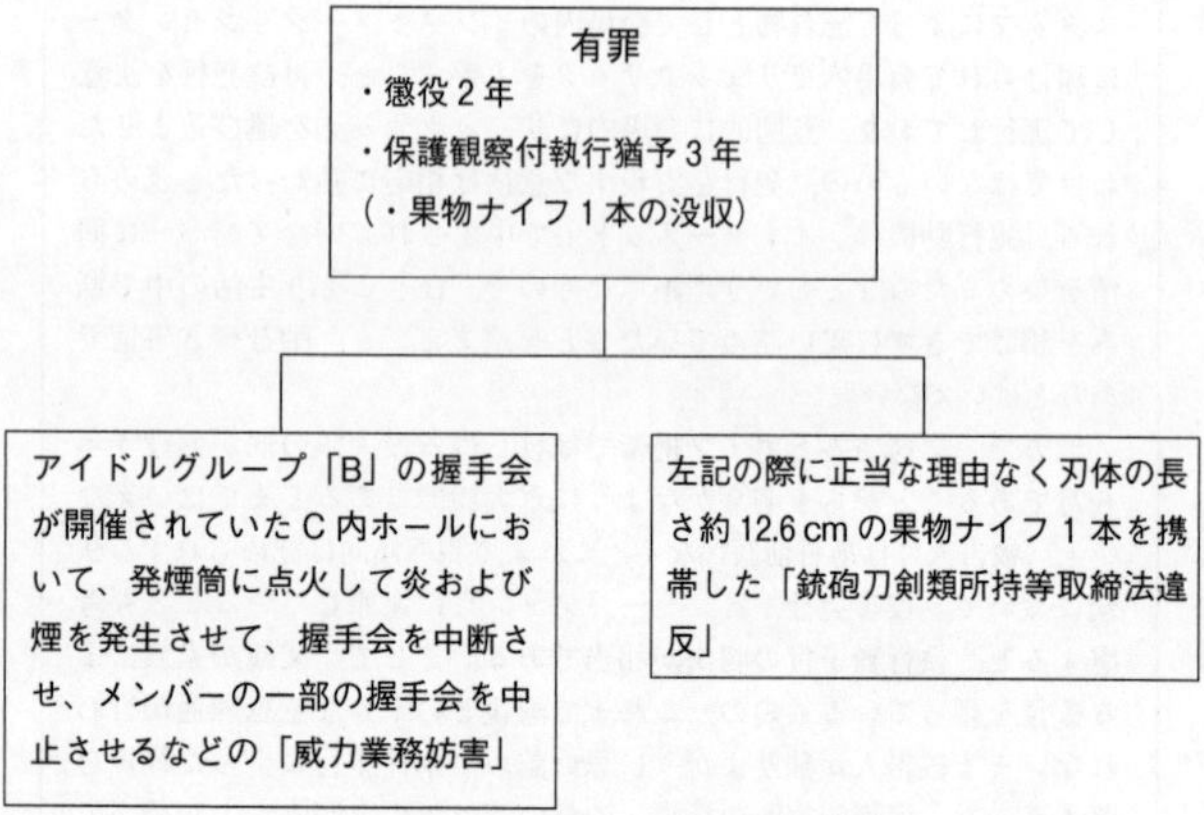
有罪
・懲役２年
・保護観察付執行猶予３年
（・果物ナイフ１本の没収）
アイドルグループ「B」の握手会が開催されていたＣ内ホールにおいて、発煙筒に点火して炎および煙を発生させて、握手会を中断させ、メンバーの一部の握手会を中止させるなどの「威力業務妨害」
左記の際に正当な理由なく刃体の長さ約 12.6 cm の果物ナイフ１本を携帯した「銃砲刀剣類所持等取締法違反」

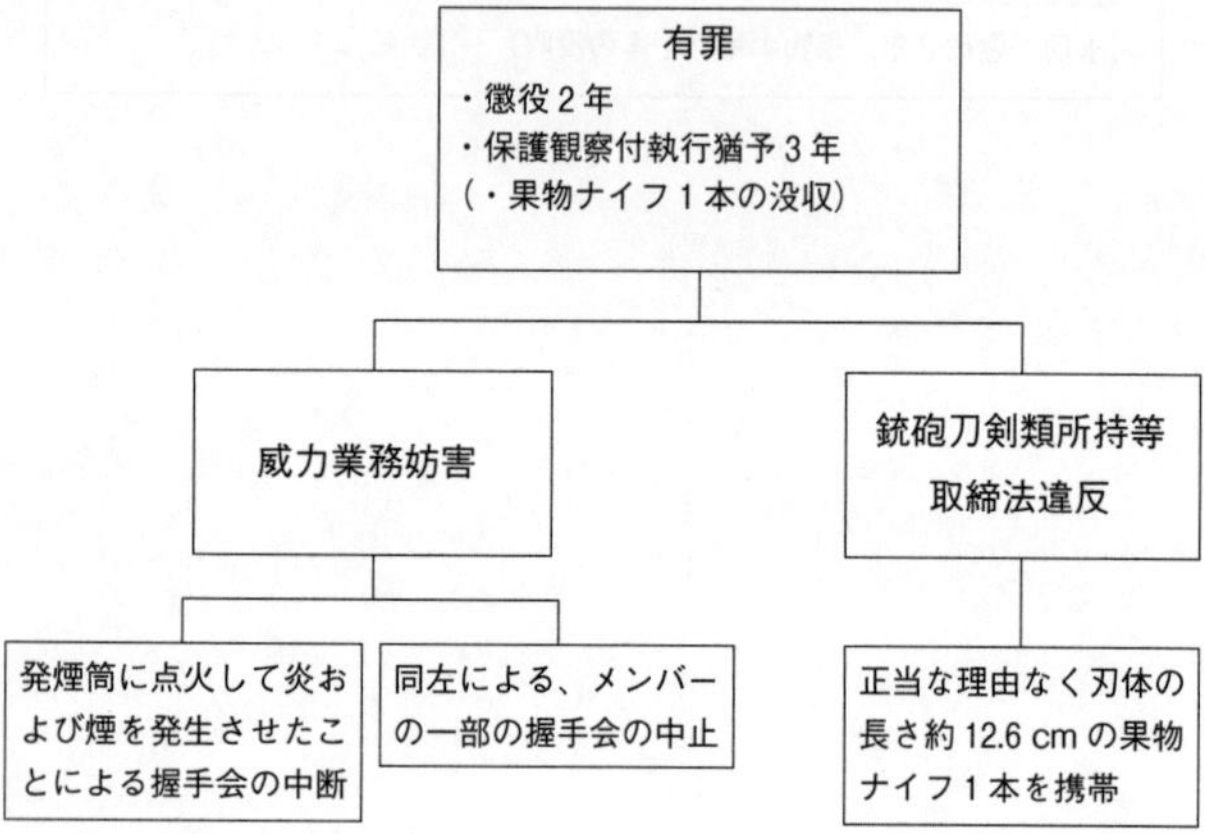
有罪
・懲役２年
・保護観察付執行猶予３年
（・果物ナイフ１本の没収）
威力業務妨害
銃砲刀剣類所持等取締法違反
発煙筒に点火して炎および煙を発生させたことによる握手会の中断
同左による、メンバーの一部の握手会の中止
正当な理由なく刃体の長さ約 12.6 cm の果物ナイフ１本を携帯

＜判決理由＞

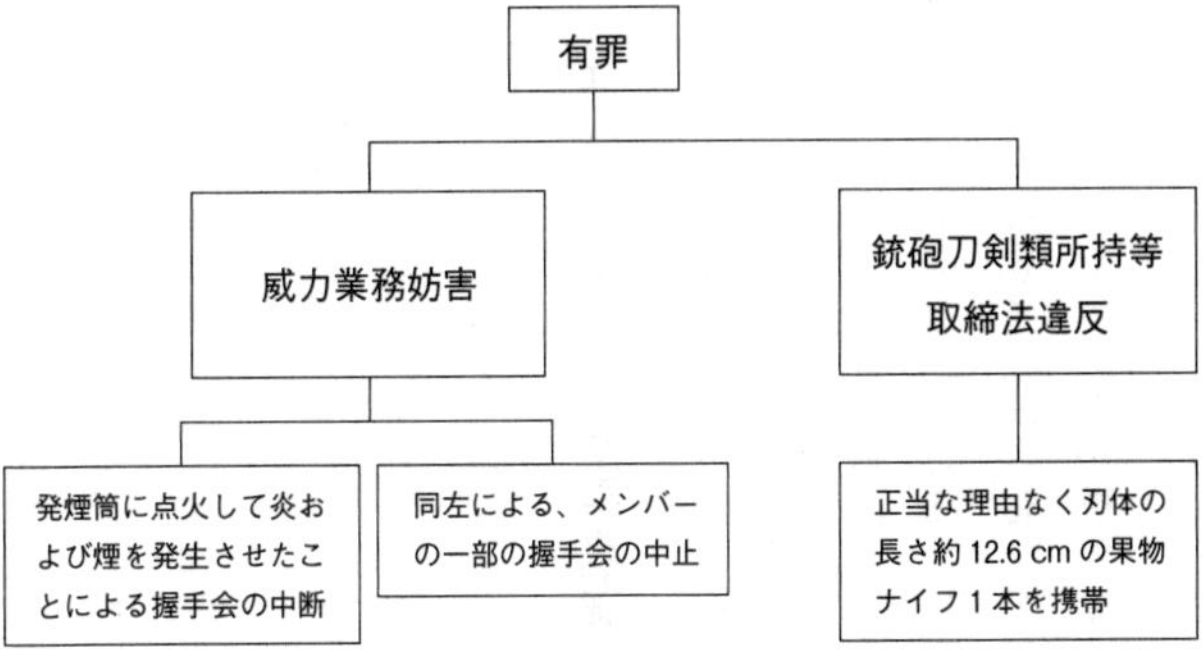
有罪
威力業務妨害
銃砲刀剣類所持等取締法違反
発煙筒に点火して炎および煙を発生させたことによる握手会の中断
同左による、メンバーの一部の握手会の中止
正当な理由なく刃体の長さ約 12.6 cm の果物ナイフ 1 本を携帯

＜判決内容＞

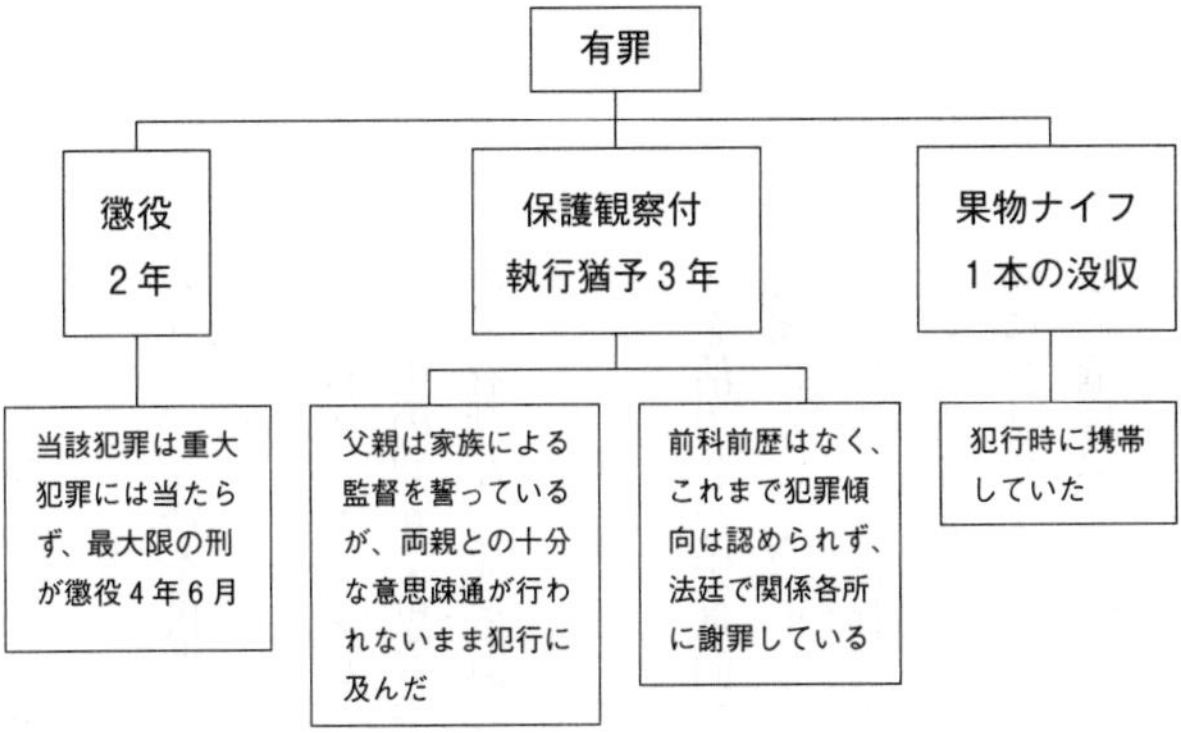
有罪
懲役 2 年
保護観察付執行猶予 3 年
果物ナイフ 1 本の没収
当該犯罪は重大犯罪には当たらず、最大限の刑が懲役 4 年 6 月
父親は家族による監督を誓っているが、両親との十分な意思疎通が行われないまま犯行に及んだ
前科前歴はなく、これまで犯罪傾向は認められず、法廷で関係各所に謝罪している
犯行時に携帯していた

ではなく、ピラミッドストラクチャーの内容だけを元にして、文章の構造が明確になる形で文章化することを試みて欲しい。

十全な理解に必要な文章による理解と図解による理解のうち、文章を構造化・図解化したものがピラミッドストラクチャーであったが、提示されたピラミッドストラクチャーを文章化するのはそのリバースプロセスである。文章→図解、図解→文章という2つの方向での論理の整理ができるようになるためのこの訓練は、頭の中の認知・思考空間自体を構造的にする効果があり、論理的思考力を強化する上で極めて有効な方法である。

④「フェルミ推定」による定量的感覚の訓練

現実的に有効な論理的思考を行うためには、確率と統計を活用した定量的な判断が求められることについて前章で説明した。しかし多くの思考場面において、正しい答えを導き出すための確率データや統計データを知識として既に持っていることは稀《まれ》であるし、その場で必要なデータを調べようとしても簡単には手に入らないことも少なくない。

また日常的な思考場面においてなされる論理展開は、特に会話やディスカッションの場面ではスピードやテンポが重要なので、いちいち定量化して論理展開を組み立てられるわけではない。

では、日常的な思考において確率と統計による定量的な判断は不要なのかというと、そうではない。

正確な確率と統計が活用できないような状況および条件下でも現実的に有効な答えを得るためには、可能な限りの定量的な判断を行う必要がある。そのための手段が、限られたデータと確率・統計の概念を使った、簡便法的・近似値的な定量的判断である。

こうした定量的推論の方法は「フェルミ推定」と呼ばれる。フェルミ推定とは、何らかの数を定量的に測定することが難しい場合に、手掛かりとなるいくつかの数値を使って定量的推論を行い、近似的に答えを求める方法である。そしてこうした確率的・統計的な考え方を駆使して定量的な推論を行う訓練は、実際に確率データや統計データを探し出して正確な数値を求めること以上に、論理的思考における定量的な判断のスキルを養うために有効である。

ちなみにこの方法は、原子核理論の研究でノーベル賞を受賞した物理学者エンリコ・フェルミが、宇宙の広さや電子の速度といった直接測定することが難しい値を推論するのにしばしば用いていたところから、この名前がついた。

フェルミ推定の説明によく使われる例題に「シカゴのピアノ調律師の数は何人か」という問いがあるが、ここではもう少し馴染みのある例で説明してみよう。

たとえば「日本のスマートフォンの市場規模はどれくらいか」という問いを立ててみよう。これに対して、自分が知っているデータと自分の経験とを組み合わせて確率的・統計的な考え方を駆使しながら、簡便に定量的な推論を重ねて答えを求めていくというプロセスを取るのがフェルミ推定である。

具体的にやってみよう。

国民の数は約1億2500万人であるというデータは知っていたとしよう（2017年の数字）。そしてここから先の論理展開と定量化は、知識と経験によってアナロジー的に推論していく。

・スマートフォンを使う年齢層を10歳以上80歳未満と仮定する

・0歳〜9歳の人口は、1年当たり100万人として、

100万人×10＝1000万人

・80歳以上95歳未満の人口は1年当たり、

200万人（高い出生率）×1/2（約半数が死亡と仮定）＝100万人　として、

100万人×15＝1500万人

よって、スマートフォンを使う年齢層である10歳以上80歳未満の人口は、

1億2500万人−（1000万人＋1500万人）＝1億人

と概算できる。

このようにスマートフォンを使っている対象を10歳以上80歳未満の1億人と大まかに把握した上で、浸透率を約8割〜9割と見なすと、8000万台〜9000万台という推論が成り立つ。

これは最もシンプルな概算方法であるが、もう少し詳しく積算するならば、50代以上は低めの浸透率（5割）、代わりに20代〜40代は高い浸透率（9割）で、3割程度の人間は2台持ちをしているとして算出してもよいだろう。

この場合、20歳未満の人口を1年当たり100万人、20歳以上80歳未満の人口を1年当たり150万人とすると、

・10代は8割の浸透率
　：1000万人×0.8＝800万台
・20代〜40代は9割の浸透率＋3割が2台持ち
　：4500万人×0.9＋4500万人×0.3＝5400万台
・50代〜70代は5割の浸透率
　：4500万人×0.5＝2250万台

となり、合計8450万台がスマートフォンの利用台数となる（この数字は、1億人の

うちざっくり8割〜9割がスマートフォンを使っているだろうとした場合の8000万台〜9000万台とほぼ符合している)。

さて次に市場規模であるが、1年間に何台のスマートフォンが購入されているのかという台数ベースで求めるものと、それがどれくらいの金額になるのかという金額ベースの両方で計算することができる。

まず台数ベースの計算であるが、1億人のうち既に8割〜9割という普及率からすると、新規流入のユーザーは考慮しなくてもかまわないだろう。したがって買い替え需要のサイクルを考えれば、毎年何台のスマートフォンが売れるのかを計算できることになる。

スマートフォンは毎年のように新しい機種が発売され、ニューモデル発売日にはその度にショップの前に行列ができるほど人気の高い商品で、毎年買い替える層もいる。一方、私のように一度買ったスマートフォンを、画面の液晶にヒビが入ったり、電池が劣化しても、5年も6年も使い続ける層もいる。そこで両方のタイプの間をとって、スマートフォンの買い替えサイクルを2年〜3年として試算してみよう。

・買い替えサイクルを2年とした場合

：8450万台×1/2＝4225万台

・買い替えサイクル3年の場合

：8450万台×1/3≒2817万台

となり、またこの場合も、両方のケースの間をとって約3500万台という見立てが成立する。

次に金額ベースでの試算であるが、工業製品はメーカーの出荷金額ベースと、ユーザーの購入金額ベースとでは、一般に2倍〜3倍もの開きがあることが多い（半導体や建材といったB to Bの部品部材は1・5倍程度、衣料品や加工食品といったB to Cの商品は3倍程度）。

ここでは、消費者がスマートフォンの購入にいくら支出しているのかというユーザーの購入金額ベースの市場規模を求めてみよう。安い機種で3万円台、高い機種で7万円台という実態を踏まえて、1台5万円で計算してみると、先ほど求めた1年間で3500万台という台数ベースの市場規模に1台5万円という金額を掛け合わせて1・75兆円となる。

結論として、「スマートフォンの市場規模は年間3000万台、1・75兆円」が求められたわけである。

ちなみに実際にデータを調べてみると、MM総研の資料では2017年のスマートフォン出荷台数は3258万台であり、また米国の市場分析会社 Strategy Analytics によると、2017年の日本のスマートフォン販売平均金額は557ドル（約6万円）とされていることから、金額ベースの市場規模は約1・95兆円であると分かる。

以上のように、限られたデータ（知識）と確率・統計の概念を使って定量的な推論を展開し、求める答えの近似値を求める論理展開の方法がフェルミ推定である。

この事例で使ったデータは、日本の人口約1億2500万人という数値くらいで、あとは平均寿命が85歳位という知識と、スマートフォン1台の価格が3万円台〜7万円台という経験値だけである（厳密には、今の20歳未満の世代人口は年間100万人程度、20歳以上80歳未満の世代人口は150万人程度、80歳以上の世代人口は200万人程度という概数は、世代別積算のケースでは活用した。しかし、1億2500万人という総人口を平均寿命85歳で均等に割って各世代人口150万人／年として計算しても、答えに大きな差異は出ない）。

このように、固いデータが揃っていなくても、フェルミ推定の手法でいくつかのデータを加工すれば、かなりの程度信頼できる定量的判断が可能になるのである。実際の思考場面においては、データが十分に揃っていることはほとんど無いという現実を踏まえると、このフェルミ推定という定量的かつ論理的な条件を満たした推論の方法は、論理的思考における最も現実的な定量的判断のスキルと見なしてもよいだろう。

ところで、フェルミ推定を行う上で必要となるのは、確率・統計の概念を適用して加工する際のキーデータである。ここに示した「スマートフォンの市場規模」のケースであれば、日本の人口とか、日本人の平均寿命とかである。あとは、データおよび知識というほどのものではなくとも、スマートフォン1台当たりの標準的な価格といった生活の中で自然に得られる実感値、経験値があれば、ほとんどのフェルミ推定は、確率・統計の概念を活用して簡単な計算をしていくだけである。その意味では、数学的に高度な確率計算や統計計算が不要であり、極めて実用的・定量的な論理的思考の方法なのである。

したがって、様々な分野でフェルミ推定を行う場合に活用することができるキーデータを知っておくことは、実際の思考場面で有効な答えを求めるための推論に非常に有効・有用である。

どのようなキーデータが特に有用かは、思考者の仕事やよく扱う思考テーマによって違ってくるが、経済や経営に関係する分野で特に有用と思われるキーデータの事例を参考までに188―189頁に紹介しておく。

⑤「正反の立論」による総合力トレーニング

「正反の立論」とは、ある1つのイシューすなわち問題に対して、肯定的論理構築と否定的論理構築を1人で行うトレーニングである。ある問題の解決策として、A案をベストとする論理立てと、A案とは全く異なったB案がベストであるとする論理立てを1人で行う練習と捉えてもよい。

キーデータ2017年版
（＊…2017年データN/Aのため2014～2016年の直近データを使用）

項目	規模	出典
日本の人口	1.3億人	世界銀行
世界の人口	75億人	世界銀行
アメリカの人口	3.3億人	世界銀行
EUの人口	5.1億人	世界銀行
中国の人口	14億人	世界銀行
日本のGDP	550兆円	内閣府
アメリカのGDP	2200兆円	IMF統計
EUのGDP	2000兆円	IMF統計
日本の１人当たりGDP	3.8万米ドル	IMF統計
アメリカの１人当たりGDP	6.0万米ドル	IMF統計
ドイツの１人当たりGDP	4.5万米ドル	IMF統計
フランスの１人当たりGDP	4.0万米ドル	IMF統計
イギリスの１人当たりGDP	4.0万米ドル	IMF統計
東京都１人当たりGDP*	538万円	県民経済計算
沖縄県１人当たりGDP*	217万円	県民経済計算
平均年収*	420万円	民間給与実態統計
1家計当たり金融資産(2人以上世帯)	1,151万円	家計の金融行動に関する世論調査
個人(家計)金融資産	1,800兆円	資金循環統計
非金融法人企業金融資産	1,200兆円	資金循環統計
税収(一般会計計)*	56兆円	財務省
社会保険料*	70兆円	厚生労働省
社会保障給付費*	117兆円	社会保障費用統計
貿易収支	＋3.0兆円	財務省
輸出金額	78兆円	財務省
輸入金額	75兆円	財務省
全世帯数	5,800万世帯	住民基本台帳
単身世帯数*	1,800万世帯	国勢調査
老年人口割合(65歳以上)	27%	住民基本台帳

項目	規模	出典
労働者数	5,800万人	労働統計要覧
正規労働者割合	63%	労働統計要覧
非正規労働者割合	37%	労働統計要覧
外食市場規模*	18兆円	サービス産業動向調査
洋服市場規模*	6兆円	経済センサス活動調査
自動車市場規模(出荷額ベース)*	15兆円	工業統計調査
旅行市場規模(国内外計)	25兆円	旅行・観光消費動向調査
全国の小学校数	2万校	文部科学統計要覧
全国の郵便局数	2.4万店	日本郵便
全国の銀行数(市中銀行支店数)	3.7万店	IMF統計
全国の理容店・美容院の数*	24万店	経済センサス活動調査
全国の百貨店の数*	190店	商業統計調査
全国の百貨店の年間売上高*	5兆円	商業統計調査
全国のGMSの数*	1,400店	商業統計調査
全国のGMSの年間売上高*	6兆円	商業統計調査
全国の食品スーパーの数*	1.5万店	商業統計調査
全国の食品スーパーの年間売上高	15兆円	商業統計調査
全国のコンビニの数	5.5万店	JFAコンビニエンスストア統計調査月報
全国のコンビニの年間売上高	11兆円	JFAコンビニエンスストア統計調査月報
全国の飲食店の数*	45万店	経済センサス活動調査
全国のガソリンスタンド数	3万箇所	資源エネルギー庁
全国の病院・一般診療所数*	11万施設	医療施設動態調査
全国の医師数*	32万人	厚生労働統計
全国の歯科医師数*	10万人	厚生労働統計
全国の弁護士数(正会員数)	4万人	日本弁護士連合会

※上記数値は出典データを元に、上2桁を基本として覚えやすい概数で表している

これまでに紹介してきたタテの因果・ヨコの因果、ベン図、ピラミッドストラクチャー、フェルミ推定は、因果関係の構造的捕捉、意味的包含関係の整理・把握、論理構造全体の体系化、定量的な判断のセンス習得といった、それぞれが論理的思考力を構成する個別スキルのトレーニング項目であった。

それに対して、これから最後に紹介・解説する「正反の立論」はそうした個別スキルを全て活用して、柔軟に、自在に論理を構築する能力を習得するための練習メニューである。

言うなれば、これまでに紹介した4つの個別メニューが、野球で言えば筋トレ、体力強化、守備練習、打撃練習といった個別の練習メニューであったのに対して、「正反の立論」は赤組白組に分かれての練習試合のような役割と位置づけになる。強烈な打撃力も、堅い守備力も、実戦で発揮できてこそ意味がある。その意味において「正反の立論」は論理的思考力強化のための what to do の中でも最も高度かつ実践的なトレーニングメニューであり、総仕上げの練習課目である。

「正反の立論」とは、あるイシューに対して肯定側と否定側の双方の論理構築を1人で行うことという紹介をしたが、具体的にやることについては競技としてのディベートを経験したことがあれば想像しやすいであろう。ただし、ディベートでは片方のチームは肯定側か否定側のどちらかの立論をするだけだが、ここで推奨する「正反の立論」は1人で肯定・否定の両方の立論をする点がポイントである。

「正反の立論」とはどういうものか、具体例で示してみよう。

たとえば、「ニューヨーク株式市場での株価が力強く上昇した時、東京株式市場の株価はどうなるか」という問いに対して、次に示すA、B2つの立場に立つことができる。

A「世界中の株式への投資マネーがニューヨーク市場に集まってくる。その動きの一環で東京市場から資金が引き上げられてニューヨーク市場へとシフトするので、東京市場の株価は下がる」

B「世界中の投資マネーのうち、債券に投資されていたマネーが株式へとシフトして株式マネーのボリュームが拡大し、その一環として東京株式市場にも投資マネーが流入し、東京市場の株価は上がる」

AもBも極めてシンプルな推論/論理展開であり、どちらの論理も違和感なく流れると思うが、AとBでは全く逆の結論になっている。このAとBの両方の論理展開を作ってみるのが「正反の立論」である。

このAとBの例は、論理展開の変数を投資マネーだけに絞った極めてシンプルな論理構築であったが、変数を増やすとさらに多様な立論が可能になる。たとえば、景気動向や市場金利を変数として加えた論理立てをしてみると、

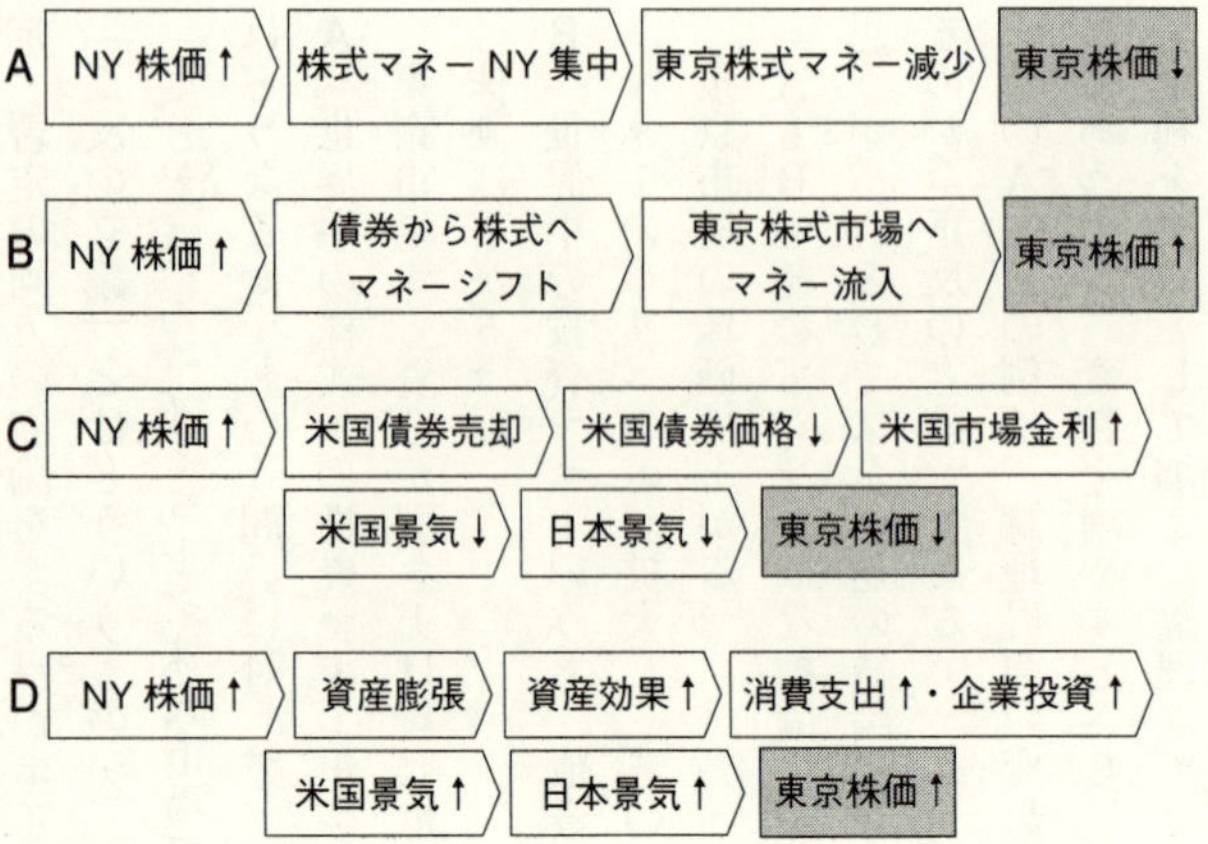

C「株式への投資を増やすために米国債券が売られて債券価格が低下し、市場金利が上昇する。この金利上昇がアメリカの実体経済にマイナスに作用して、アメリカの景気減退が起きる。アメリカの景気減退は日本経済にもマイナスの効果を及ぼして、東京市場の株価は下がる」

D「株価の上昇は資産膨張による資産効果を生み、消費支出と企業投資を拡大させて、アメリカの景気が好調になる。アメリカの景気改善は日本の景気に波及し、日本の景気が良くなることで東京市場の株価は上昇する」

といった異なる立論が可能である。

AとBでは立論に使わなかった金利や景気というファクターを活用することによって、「ニューヨークの株価上昇」から「東京の株価の動向」へと展開するために必要な論理のステップの数は増加したものの、論理の流れ自体にそれほど違和感は無いであろう。そしてCとDでも結論のメッセージは全く逆になっており、「正反の立論」が成立している。

AとB、あるいはCとDに示されているような、同じイシューに対して全く異なる論理展開を構築するのが「正反の立論」であり、このように同じファクトを起点として、蓋然性の高い論理を積み重ねて全く異なる結論を導く練習は、論理展開における意味的連鎖を考え出すトレーニングとしてたいへん有効である。「正反の立論」は、あるファクトを起点にして様々な事象と意味的連関を繋げて行き、右でも左でも、上へも下へも、論理を展開していく方向を自在にコントロールするスキルを鍛えてくれるのである。

ただし「正反の立論」のトレーニングを正反対の結論を導き出すまでの意味的論理展開の経路設計までで止めてしまうのでは、「正反の立論」の練習として完全ではない。AとBではどちらがより現実的に正しいのか、CとDではどちらがより現実的に正しいのか、を考えてみるところまで追求していくことによって、より正しく、より強力な論理的思考を可能にする力がつく。

たとえばAとBの場合であれば、それぞれの論理展開における論理から論理へのステップ毎の蓋然性の大きさ、すなわちAの論理展開であれば「ニューヨーク株式市場へ流れ込む投資マネーの金額」や「東京株式市場からニューヨーク株式市場へと流出するマネー量」、Bの論理展開であれば「債券から株式へとシフトする投資マネーの量」や「世界の株式市場へ流入する投資マネーのうち東京株式市場へと流れ込む資金量」を把握することによって、AとBのどちらの蓋然性が高いのかが判断できる。さらに、最終的にはニューヨーク株式市場と東京株式市場の過去の値動きを調べてみて「現実的に正しいことが、本当に正しい」という原則に則った検証を行うのが望ましい。

このようなプロセスで、何が分かればAとBのどちらが現実的により正しいと分かるのかというところまで考え抜いてこそ、現実的に有効な論理的思考に繋がるのだ。

「風が吹けば桶屋が儲かる」のような論理をいくらたくさん思いついても、それだけでは単なる〝ヘリクツ屋〟でしかない。この〝何が分かれば〟本当に正しい論理的立論になるのかを見極めるスキル／能力こそ、この「正反の立論」のトレーニングによって習得すべき究極の目的なのである。

2 how to do：どう練習するのか

前節では、論理的思考のコアスキル習得のためには具体的に何を練習すればよいのか（what to do）について説明してきたが、本節では実際にそれらの練習をする上でどのよう

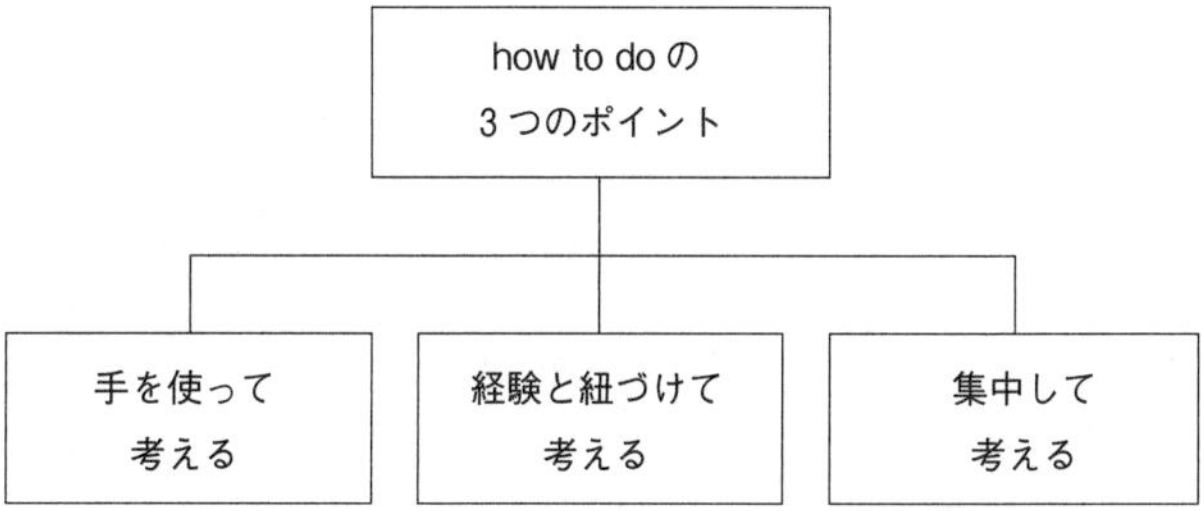

な取り組み方をすればよいのか（how to do）について解説する。

スキル習得のためのトレーニングというと、何をすればスキルが得られるのかというwhat to doに目が行きがちであるが、論理的思考力を強化・向上させるためには、むしろこれから解説するhow to doの方が習得成果を大きく左右するという実感がある。その意味において、どのような点に注意してどのような取り組み方をすればよいのかを示すhow to doこそ、論理的思考のコアスキル習得の勘所だと言えよう。

論理的思考のコアスキル習得の練習を行う上で留意すべきhow to doのポイントは3つある。

その3つのポイントとは、

①手を使って考えること
②経験と紐づけて考えること
③集中して考えること

である。順に説明していこう。

① 手を使って考える

論理的思考は、情報を知識・経験と照らし合わせて加工し、論理的妥当性に則って客観的に妥当なメッセージを紡ぎ出していく情報処理作業である。

思考テーマに関連する情報や、既存の知識・経験の数が少ないのであれば、このような処理を頭の中だけで行っても大きな問題は起こらないであろう。しかし取り扱う情報・知識・経験の量が膨大になる複雑なテーマではそうはいかない。なぜならば、脳内だけで完結できる情報処理のキャパシティはかなり小さいからである。

脳が扱える情報量に限りがあるという事実は、古くは1956年にアメリカの認知心理学者ジョージ・ミラーが打ち出した「マジカルナンバー7」として示されている。マジカルナンバー7とは、人間の脳で同時に扱える情報が最大7個までであるということを意味する。また、同じく認知心理学者のネルソン・コーワンは、2001年に「マジカルナンバー4」、すなわち人間が同時に扱える情報のチャンクは7個ではなく4個であると発表した。

脳の情報処理のキャパシティの小ささは、2桁×2桁の掛け算を暗算で行うことが難しいという事実からもうかがい知れよう。紙に書けば小学校低学年の児童でも簡単にできる計算であっても、頭の中だけでの暗算でやろうとすると突然困難になるし、間違うことも少なくない。2桁×2桁の掛け算にしても、マジカルナンバーにしても、〝人間が同時に取り扱える情報量はごく僅か〟なのである。

私たちが何らかのテーマについて思考しようとする場合、多くは4個（あるいは7個）以上の情報を同時に扱うことになるので、脳内だけで情報処理、すなわち思考を完結させることは難しい。また脳内だけでやろうとすると、正確な情報処理が行えず、とても〝論理的〟とは言えない思考になってしまいがちである。

それでは、どのようにすれば人間は複雑な情報処理や正確な論理的思考を行うことができるのかというと、〝脳の手助け〟、すなわち文字通り「脳を手で助けること」が有効である。具体的には、紙に書き出しながら考えることによって、つまり情報や知識を紙面上に載せて、これらを繋げたり分類したり、一時的にホールドしておいたりすることによって、脳の処理容量を超えた情報を扱うことが可能になるのだ。

単に〝思う〟だけでなく〝思考〟するためには、要素と要素を「繋げる」作業が必要になるし、〝論理的に〟思考するためには「分ける」作業も必要になる。頭の中だけで完結できる思考はごく単純な範囲にとどまり、多くの場合、手を使って考えることではじめて十全な思考が成立するのである。

さらに紙面に書き記すことによって、「繋げた・分けた」プロセスを自ら客観的に確認することができ、より妥当な論理的思考を追求することも可能になる。まさに「論理的思考は手によって為される」といっても過言ではないのである。

ちなみに、紙ではなくPCやタブレット等の電子デバイスを活用した方が便利であると考える人もいるかもしれない。これには賛否両論あるが、論理的思考力強化という面からは、筆者はやはり紙を使うことを勧める。なぜなら、電子デバイス上の作業は思考のプロセスと一致せず、これがナチュラルな思考のスムーズな運用を阻害するからである。

どういうことかというと、たとえばPCでピラミッドストラクチャーを作ろうとすると、各要素のボックスを作成したり、そのボックスを動かしたりする作業が発生する。そして紙の上で形どおりに線を引く鉛筆の作業に対して、PCではダブルクリックを行ったりカーソルを対角線に引っ張るなど、思考のプロセスと作業や表記との間にズレが生じる。これらのズレを埋める過程で、脳のキャパシティの一部、具体的にはワーキングメモリと呼ばれる機能の一部が割かれることになる。そしてこのワーキングメモリの一部の稼働が集中の障害となり、本来の脳の能力全体を思考対象に振り向けることを阻害して、思考の精度を低下させてしまうのだ。

これが、ペンと紙を使った方が良い理由である。労力やコストを厭わずに手を使って考える癖をつけることが、思考力を高めることに繋がるということを銘記しておいていただきたい。

ちなみに、思考の精度を左右するのは、このような手を使った作業だけではない。たとえば、思考に用いる言語の選択も重要である。

日本語圏で育った人は日本語で思考する方が厳密に考えられるし、英語圏で育った人は英語で思考する方が厳密に考えられる。このように母国語ベースの思考が優位であるのも「ナチュラルな思考のスムーズな運用」が可能なためである。すなわち、母国語であれば1つ1つの単語の翻訳や文脈の最も自然な読み取りを努力なく行うことができる。したがって脳のキャパシティを翻訳や意味と言葉の僅かなズレを埋めるために使うことなく、全てのキャパシティを論理的思考そのものに使うことができるのである。

このように母国語で考えることが優位であるのは、手を使って考える＝紙に書いて考えるのが有効なのと同じく、複雑な情報処理が苦手な脳のキャパシティを論理的思考そのものにフォーカスさせることで、その能力を最大限に活用できるからである。

② 経験と紐づけて考える

論理的思考のスキル習得に関する how to do の2つ目のポイントは、自分自身の経験と紐づけて理解することである。

世の中で共有されている多くの情報は、一般化・抽象化されたものである。たとえば「人間には睡眠が必要である」も、「猫は機嫌が良い時には喉をゴロゴロ鳴らす」も、「カフェインには覚醒作用がある」も、元々は1つ1つの事象や現象を集めて帰納的に導いた結論である。

これらの命題に対して、私たちは〝納得性を以《もっ》て〟受け入れることができる。なぜならば、私達は個人として、「徹夜をしたら眠くて倒れそうになった」とか、「飼っていた猫がなでられながら気持ち良さそうにゴロゴロと喉を鳴らしていた」とか、「眠い時にコーヒーを飲んだら目が覚めた」といった経験を持っており、このような具体的な経験に一般的・抽象的な情報を結びつけることができるからである。人間は、具体と抽象を行き来して物事を理解しており、抽象だけでは本当に腹落ちして「分かった」感覚にはならない。〝知る〟と〝分かる〟は別物であり、〝知った〟ことが「経験と紐づけられ」てこそ、実感を伴って〝分かる〟のである。

ではなぜ具体的な事象をそのまま伝えるのではなく、わざわざ一般化・抽象化するのかというと、その理由は2つある。1つは情報を共有する上で「分かる」人を増やすためであり、もう1つは思考を行う上での展開性を拡張することができるからである。

たとえば「人間には睡眠が必要である」という一般化命題は、「徹夜をしたら眠くて倒れそうになった」という経験を持つ人だけでなく、「疲れていた時にたっぷり睡眠をとったら回復した」という経験を持つ人にも、「睡眠が十分にとれなかったためにイライラした」という経験を持つ人にも、納得性を以て受け入れられる。人間はリアルな経験と符合した時に腑に落ちて〝分かる〟感覚を持てるものだが、この例を見ても分かるように、一般化・抽象化された情報は〝繫げる〟ことができる具体的事象が多いため、より多くの人に分かってもらうことができるのである。これが1つ目の「分かる人を増やす」ということである。

そして一般化・抽象化された情報は多くの具体的事象と繫がり得るので、自分自身の思考にも広がりを与えてくれる。1つ1つの事象を個別に理解・認識するのではなく、抽象化して扱うことで全く別の事象と繫げることができたり、知識として得た一般的な事象を自身の経験と繫げることで理解できたりするのである。

逆に言えば、実感や経験の無い事象に対しては、「知る」ことはできてもなかなか「分かる」感覚には至らないということでもある。そして実感を以て分かっていない事柄については、自分が思考を行う際の繫げる材料として有効に活用しづらいということにもつながる。

たとえば「気温が下がると、雨は雪に変わる」ということを私たちは知識として知っているし、実感としても分かっている。だから冷えこむ雨の夜に、「明朝には雨が雪に変わっているのではないか」と考えるのは自然なことであろう。しかし、これが仮に気温が氷点下に下がることがない熱帯地方にしか住んだことの無い人であったら、「気温が下がると雨が雪に変わる」ことを知識として得ることはできても、寒い夜に明朝の雪景色が自然に思い浮かぶことはないだろう。

このように実感を伴って分かっている事象の経験があってこそ、アナロジーとコロケーションが可能になり、推論を次々に展開していくことができるのである。

また逆に言うと、自分の実感を以て分かっている事象をピボット（結節点）にしたアナロジーやコロケーションは、未経験の事象に対する理解を大いに助けてくれるということでもある。

したがって、論理的思考を豊かに伸びやかに展開していくためには、提示された事象を次段階の論理展開のピボット（結節点）として活用できるように、自分自身の経験と紐づけて理解・解釈することが求められるのである。

③ 集中して考える

論理的思考のコアスキル習得のトレーニングを行う上での3つ目のポイントは、「集中して考える」ことである。

「ガラスのコップが割れたのは、固い床の上に落としたからである」というような単純な論理であれば、意識的に考えなくとも、直感的に理解することができる。しかし複雑な事象を紐解いたり、難しい文章を論理的に解釈したりしようとする場合には、そうはいかない。そのような事象や文章を構成している個々の要素同士の繋がりは複雑であり、本論に関係の無い情報や装飾的な表現など、重要度の低い情報も混じっている。

このような中で論理的に〝良く〟思考しようとするならば、「集中力」が必要不可欠である。集中力が落ちていると、少し難易度の高い文章や本を読もうとしても、目が文字を追っているだけで文章の意味やロジックが全く頭に入ってこない……という状態に陥った経験は多くの人が持っているであろう。

集中力は、ある1つの対象に対して注意を向けている時に発揮される。そして集中下では、その対象に関連のある情報とそれ以外の情報とを選別する「効率的選択」のメカニズムが働くことが認知科学の研究によって実証されている。逆に言えば、集中力が欠けていると、何が重要で何が重要でないかという情報の選別ができないため、どの情報を繋げるべきであるのか、どのような分け方をすれば論理的妥当性が高くなるのかを判断できず、提示されたコンテンツの理路を追うことも、自分自身で論理的妥当性の高い立論の筋道を見極めることもできないのである。端的に言うならば、論理的に考えるためには、集中して考えることが不可欠なのである。

ではどうすればより集中して考えることができるのか。

集中するためには当然「集中することを意識する」ことが求められるが、もう1つ、「集中できる環境／条件を整える」ことも重要である。集中できる環境／条件は人によって様々であるが、筆者がこれまでに見聞きしてきた具体例を挙げてみよう。

・防音の部屋で作業をしたり、耳栓を用いるなど、雑音を排除する
・遮光カーテンを閉め切る
・照明の色や明るさを調整する
・机の上から必要最低限の物以外を排除する
・一人きりになる
・集中に入るためのルーティーンを作る
・睡眠時間を調整する
・集中できる時間帯を把握し、その時間帯に一人で作業に取り組めるようにスケジュールを組む

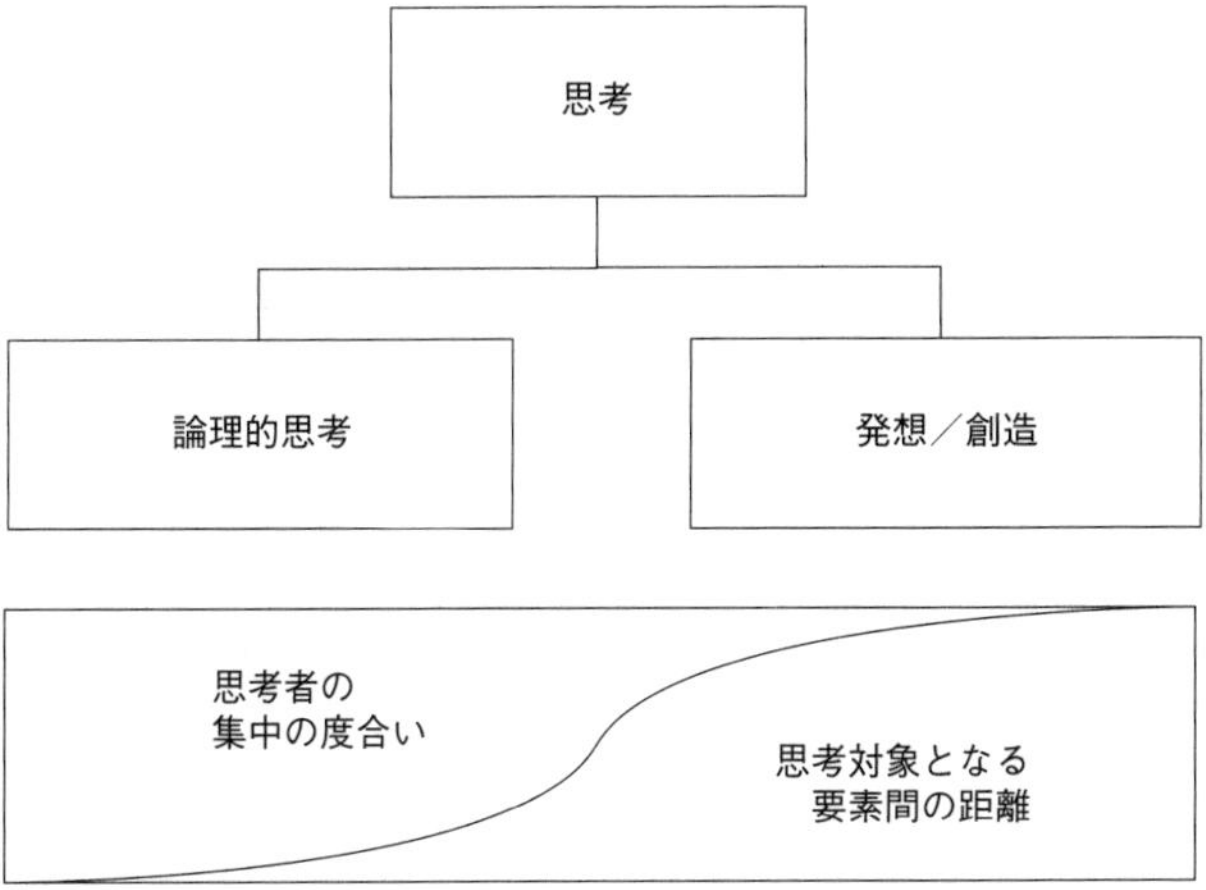

ここに挙げた最初の5つは環境条件のコントロールであり、後の3つは自分自身のコンディションコントロールである。集中力を発揮できる環境／条件は、個々人の生育環境や生活環境、遺伝的特性や性格等によっても左右され、人によっては多少の雑音があった方が集中できるとか、椅子に座るよりも床で作業をした方が集中できるなど、パターンは様々である。自分自身にとってどのような環境／条件であれば最大限に集中することができるのかを把握することは、思考力を十全に発揮するための重要な準備であり、これも1つのスキルだと言うことができよう。

ちなみに、論理的思考を行う場合は集中することが大切なのだが、発想および創造が求められる場合には集中を緩めることも大切である。

集中とはカメラのフォーカスのようなものである。フォーカスを絞れば、焦点近くの像はくっきりと浮かびあがって周囲との境目が明確になり、この状態が精緻《せいち》な論理的思考には有効である。逆にフォーカスを緩めれば、像はぼんやりと滲《にじ》んで周囲と交わり合う。

つまり、論理的思考を行う場合には、テーマに関連性の高い情報を選別して、正しい構造でひとまとまりの論旨を作り上げることが求められるので、思考対象にフォーカスした無駄のないセッティングが合理的である。一方、発想や創造の場面では、関連性の低い情報や通常では直接結びつけられないような事象との結びつきまでを視野に入れてあれこれ模索した方が、新たな見方や考え方が生まれることが多いので、フォーカスを緩めることが有効なのである（前頁の図）。

脳のメカニズムからしても、普段は繋がっていない神経細胞（ニューロン）が突然同時的・全般的に繋がって（発火）、ひらめきを得ると理解されている。論理的思考は〝集中〟によって、ひらめきや創造はフォーカスを緩めた〝逍遥《しょうよう》〟によって成されるというのが脳の性質なのである。

これまで論理的思考の文脈でも多少触れてきたように、形式論理的な白黒の論理性だけでは、現実的な思考テーマには適合しないことが多い。集中と非集中とを意識的に使い分けることができるようになると、正確で明快な論理展開を成す思考と、クリエイティブで斬新な発想に導いてくれる思考の双方を、高いレベルで行うことができるようになる。

3　練習の総時間量：どれくらいやればよいのか

ここまで論理的思考を〝良く〟行うためのコアスキルと、そうしたスキルを習得するための what to do、how to do について説明してきたが、巷間、論理的思考についての本やセミナーが多々存在するにもかかわらず、それらを活用して論理的思考力を習得できたという話はあまり聞かれない。

その原因は、圧倒的な取り組み時間の不足にある。社会人になると、本業の仕事やプライベートの生活がある中で取り組まざるを得ず、「論理的思考力の習得・強化に必要十分な時間を割いて取り組めない」という場合が多い。

その背景には、「しんどい、辛い、面倒くさい」という消極的な理由もあるかもしれないが、何をどれくらい頑張ればどれくらいの論理的思考力が習得できるのかという、インプット対アウトプットを示してくれる具体的なスケジュールやプログラムが無いことも大きな理由であろう。たとえばＴＯＥＩＣや司法試験といった資格試験の勉強であれば、様々なデータや実績のある研修プログラムが存在するので、「今は何点で、この分野が苦手なので集中的に特訓して……」というような、現時点での能力水準の把握と成長に向けた具体的学習内容の計画が立てられるが、論理的思考力の強化に関してはそうした具体的なデータや実証例がほとんど存在しないため見通しが立てられず、全力で取り組む心構えを持つのが難しいということであろう。

その結果、「やれる範囲でやれるだけやった方が良いのだろうが、何をどのくらいやれば成果が見えてくるのか分からない」という雲をつかむような状態がモチベーションを損ない、1冊の問題集を解き切って終わり、あるいは研修やセミナーに参加してそれで良しとするといった、自己判断による適当なゴールを作ってお終いにしてしまいがちなのであろう。

しかし、その程度の取り組みで論理的思考力がきちんと習得できるわけではないと心得ておいていただきたい。論理的思考力の習得に関して、世の中での平均的な取り組み時間と、筆者が研修やプログラム作りを通して得てきた経験から考える必要最低限の絶対量とは、数倍どころか、数十倍以上の差がある。

テニスであれ、ゴルフであれ、ピアノであれ、習字であれ、ある一定のレベルまで達しようと思ったら、楽に、効率的に習得する方法は無い。十分な時間をかけて正しいフォームで繰り返し練習することが、スキル習得への唯一の道なのである。スポーツでも、音楽でも、学問でも、何か1つでもマスターした経験がある人であれば、〝見せかけ〟と〝本物〟の違いが一目で分かる感覚があるだろう。

論理的思考力の強化とは、言うなれば脳の筋力トレーニングである。そのためには、スポーツ同様に、正しいフォームで繰り返し練習を積み重ねることが必要不可欠であり、それが習得への唯一の道なのである。

具体的に何に取り組めば良いのか、どのような点に留意して取り組めば良いのかについてはこれまでに説明してきた通りだが、こうした練習メニューや練習ノウハウは、テニスやゴルフで言えば〝正しいフォーム〟である。ここでは、そうした〝正しいフォーム〟でどれくらいの取り組みをすれば一定のレベルに到達することができるのか、その総時間数と練習密度の目安を提示しよう。

1万時間、1000時間、300時間

まずは総時間数である。

論理的思考のエキスパートになりたかったら、アンダース・エリクソンの有名な法則「1万時間の法則」で知られるように、1万時間を投入することが望ましい。1万時間といえば、1日5時間、365日休みなく取り組んだとしても5年半かかる計算である。仕

事や学業などで日々のメインワークとして取り組み、エキスパートを目指すのであれば、この程度の月日と総量は最低限必要になることを覚悟してほしい。

ただ、本書をお読みの方の場合、ビジネスパーソンの1つのスキルとして周りから認めてもらえるレベルを目指しているという方がほとんどであろう。

その場合であれば、トータルで1000時間程度の取り組みが必要であるというのが、筆者のこれまでの経験からの実感値である。しかし1000時間という総量は、1万時間の10分の1でしかないとは言っても、仕事をしながらの取り組みではなかなかハードルが高いという方が少なくないのもよく分かる。1日1時間では毎日取り組んでも丸3年かかる計算だ。途中で挫折する人が多いのも頷《うなず》ける話である。

そうした方は、まずは300時間取り組むことを最初の目標とすると良い。

このようなスキル習得における成長は連続的ではなく、しばらく成長が停滞したかと思っていたら、ある時ふっと上昇するタイミングが来るものである。テニスでもゴルフでも、英会話でもピアノでも、同様の話はそれぞれの分野のコーチの方々からよく聞く。そしてこの上昇のタイミングが訪れる目安が、およそ300時間毎なのだ。

3カ月300時間が1つの目安

この時気をつけておかなければならないのが、同じ時間数であっても、どれだけの期間内に取り組むのか、すなわち練習密度によって、到達できる水準が異なってくるということである。テニスやゴルフでも、時間が空いた時に無理なく少しずつ練習するスタイルよりも、短期間で集中して取り組んだ方が効率よく習得できるのと同様に、論理的思考力を体（頭）に覚えこませるためには、取り組みの絶対量だけでなく、密度も非常に重要である。

一般的なビジネスパーソンであれば、現実的に考えて、1カ月100時間程度のペース、つまり1日3時間程度の取り組みを3カ月（トータル300時間）継続することが1つの目安になる。これでも毎日継続しようとすると意外と大変だが、これ以下の密度であれば、得られる成果がかなり小さくなってしまうことを覚悟しておかなければならない。3カ月で300時間程度（1日3時間程度）の取り組みと、9カ月で300時間程度（1日1時間程度）の取り組みとでは、投入時間の総量は同じであるが、成果は3倍以上違ってくる感覚である。

このように、まずは3カ月300時間を目安として、期間集中的にまとまった時間数取り組むことが、「脳の筋トレ」には重要である。

また、トレーニングを進めていくプロセスにおいて、自身の成長・進捗《しんちょく》を把握するために、100時間毎にクリティカル・シンキング・テストや法科大学院の共通試験といった論理的思考力を測るテストを解いてみるのもよいだろう。今、自分がどれくらいのポジションで、100時間練習を積む前と比べてどれくらい成長したのかを定量的に知ることは、モチベーションの観点からも、練習方法の評価の観点からもたいへん有効である。

実際に本気で取り組んでみると、最初は伸び悩むかもしれないが、300時間を超えたあたりから成長を実感できるようになるはずである。つまり、たった300時間、論理的思考の〝正しいフォーム〟の素振り・筋トレをするだけで「自分の頭が良くなった」実感を得ることができるのである。

地頭《じあたま》の良さは変わらないと聞くこともあるが、筆者の経験からすると、全くそのようなことは無い。筆者がこれまで行った1000時間の論理的思考力強化プログラムの実績では、受講者のほぼ全員がIQベースで20〜40向上した（偏差値ベースでは10〜20の向上）。〝正しいフォーム〟で集中してトレーニングすれば、テニスもゴルフも、英会話もピアノも確実に上手になる。同様に、論理的思考力も確実に向上するのである。

以上、本章で紹介してきたように、タテの因果・ヨコの因果やベン図、ピラミッドストラクチャーやフェルミ推定、正反の立論といったwhat to doを、手を使って、経験と紐づけて、集中して取り組むといったhow to doに則って行うというのが論理的思考力の

〝正しいフォーム〟である。そしてこれらの〝正しいフォーム〟での練習を3カ月300時間を目安として積み重ねていくことが論理的思考力強化の現実的に有効なモデルパターンなのである。

包含関係の判断：例題（172頁）の答え
「私はカンガルーを避ける」

〈172頁の包含関係の判断：例題〉の解答（図）

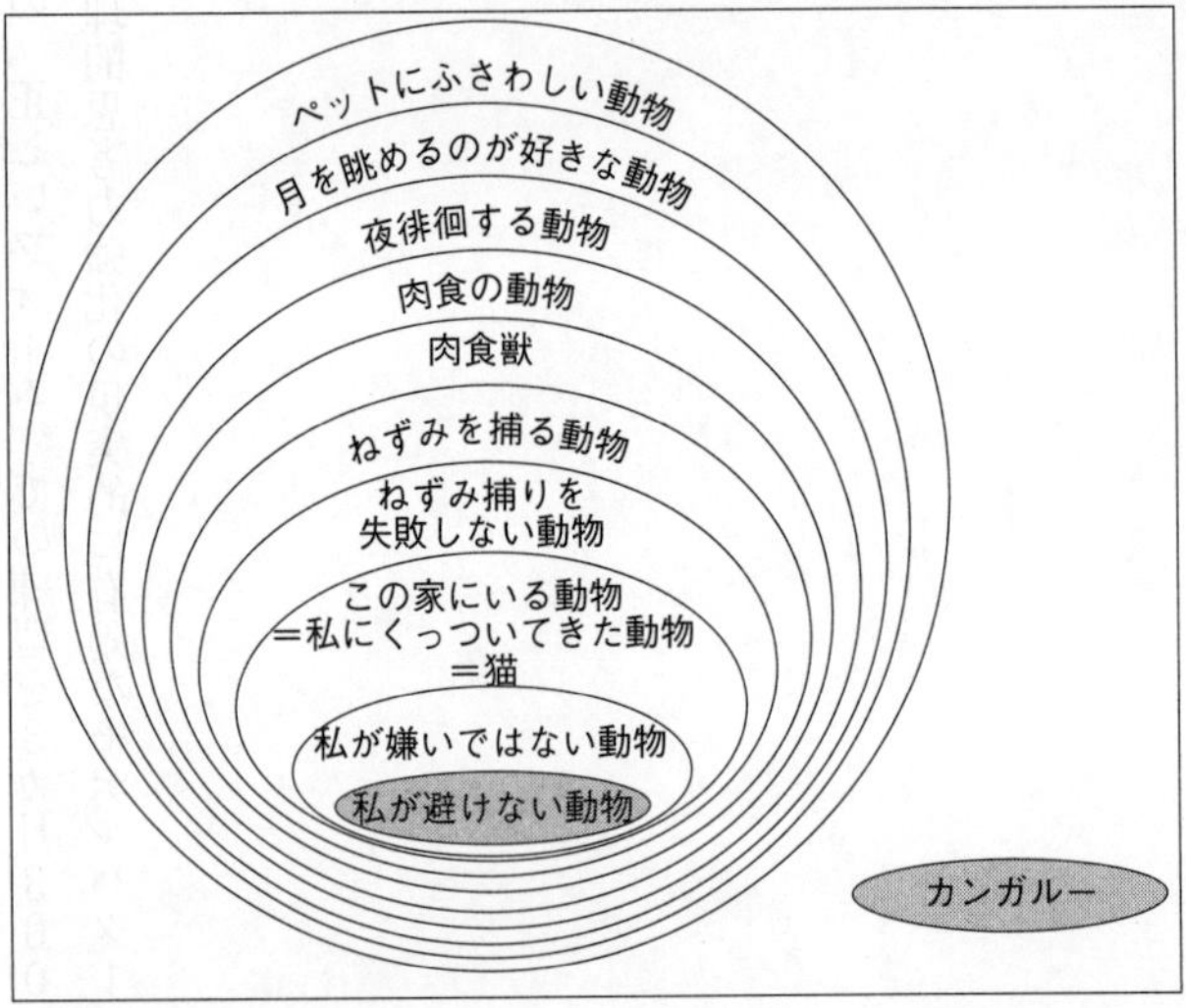

第Ⅳ章

クリティカル・シンキング

〈ミュラー・リヤーの錯視図〉

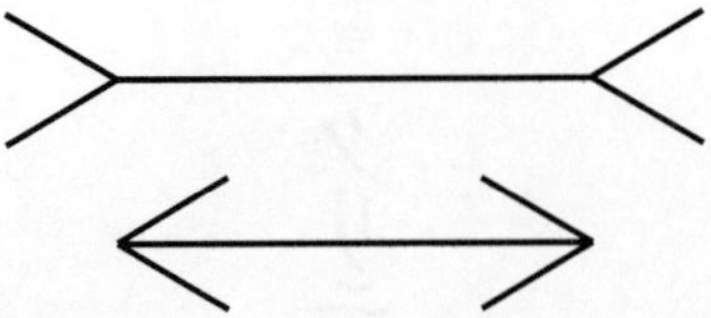

本書ではここまで、論理的思考とはどのような情報加工行為なのかを解説した上で、論理的思考力を形成する3つのコアスキルと1つのアセットを示し、さらにそれらのコアスキルを習得・向上させるためのトレーニング方法と勘所について説明してきた。では、もうこの後はそうしたスキルトレーニングに実際に取り組むだけかというと、あと1つだけ知っておいていただきたいことがある。

それは「脳は生得的に論理を間違える性質を持っている」ということと、そのような脳の生得的《ネイチャー》性質からくる誤謬を避けるための思考の方法論である。

ミュラー・リヤーの錯視図を知っている方は多いだろう。上下に並べて書かれた同じ長さの2本の直線の両端に、矢印の矢の向きを逆にして書き加えた図を見ると、誰が見ても同じ長さには見えないという有名な図である（矢が外側に開いている方が長く見えてしまう）。

これは見る角度によるのではなく、もちろんトリックでもなく、目から入ってきた映像情報の情報処理を脳が誤ってしまうからである。

これと同様の、脳の生得的《ネイチャー》性質に因《よ》る誤認が、認知や思考においても存在する。

本章の第1節では、こうした「ネイチャーとして間違える脳」について解説する。次いで第2節では、このようなネイチャーとして間違える脳によって思考する上で、正しく考え、正しく分かるための方法論として「クリティカル・シンキング」を紹介・解説する。「クリティカル・シンキング」は、本書で説明してきた論理的思考を実際に行うための思考の方法論、すなわち論理的思考の十分条件である。

1　ネイチャーとして間違える脳

人間の脳が生得的性質《ネイチャー》として間違えてしまう認知・思考のパターンに「認知バイアス」と「後づけの論理《ロジック》」とがある。

「認知バイアス」とは、本能や感情による影響や、経験や知識に基づいた先入観によって、客観的な認知が歪められてしまうパターンである。人間は理性だけの存在ではないので、本能や感情によって認知や思考にバイアスがかかってしまうのはある程度いたしかたないとしても、豊かな思考の母胎として重要だと紹介した経験や知識までが認知バイアスを生む要因となっているのである。

ネイチャー（生得的性質）として間違えてしまうもう1つのパターンである「後づけの論理《ロジック》」は、脳が行っている思考のメカニズムに起因するものである。人間の脳はものを考え、答えを分かろうとする時、まず直感的に答えを得た後で、その答えが論理的妥当性を持っているように後づけで論理を組み立てるというメカニズムが働いている。このメカニズムで出来上がる論理が「後づけの論理《ロジック》」であり、論理的思考によって導き出した答えではなく、直感的に得た答えに合わせて作り上げた論理なので、しばしば間違いを招く原因になっている。

本節ではこれら2つの、ネイチャーとして間違える脳の癖について紹介・解説していくが、それぞれについての具体的な解説に入る前に、人間の脳はこれほど簡単に、大きく間違えてしまうという実態について紹介するところから入っていこう。

① 脳はかくも間違える

人間の思考が陥りがちな誤謬のパターンについては長い間心理学や認知科学で研究されてきた。そこで、こうした研究の成果として挙げられた誤謬の典型例として、「4枚カード問題」「3囚人問題」「プラナリア観察実験」という3つのモデルを紹介しよう。人間の脳がいかに間違いやすいのかが、実感を以《もっ》て分かっていただけるだろう。

〈4枚カード問題〉

【問題】

「A」「F」「4」「7」の4枚のカードがあり、それぞれ片面にはアルファベットが、もう片面には数字が書かれている。ここで「あるカードの片面が母音のアルファベットならば、そのカードのもう一方の面は偶数の数字でなければならない」というルールが守られているかどうかを確認したい。ルールが守られているかどうかを確認するためには、どのカードをめくればよいか。

A	F	4	7

4枚カード問題（ウェイソン選択課題）

人間の脳がネイチャーとして間違えることを実証的に示した有名な問題が「4枚カード問題」である。この問題は1966年に論理学者ペーター・ウェイソンが考案したもので、「ウェイソン選択課題」とも呼ばれる。

まずは上の問題を見ていただこう。

この問題は見ての通り、特別な知識も、面倒な計算も要らない、論理的にはごく簡単なものである。にもかかわらず、正解率は驚くほど低い。一般成人を対象にしたウェイソン自身の実験での正解率は8・3%〜12・5%、ウェイソン以外の研究者によって行われた同様の実験でも正解率は10%前後というのが相場のようである。これほどシンプルな問題であるにもかかわらず、9割の人は間違えてしまう

〈4枚カード問題のルールの図示（ベン図）〉

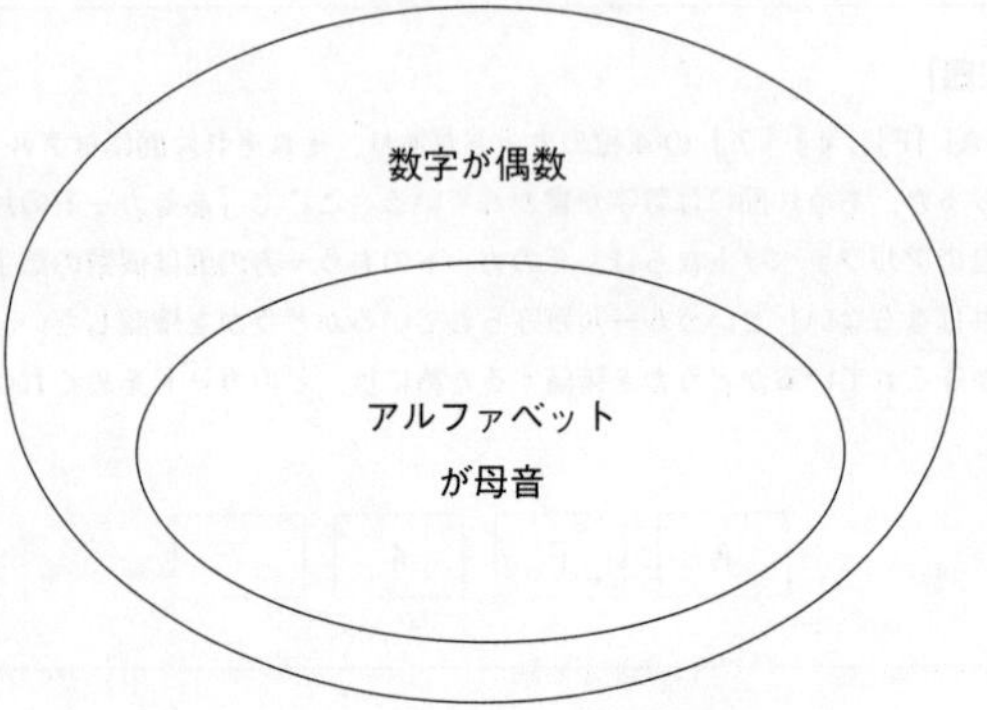

のである。

この問題の正解は「A」と「7」である。ちなみに答えを間違えてしまった人のうちの大半は「A」と「4」を選んだ。

一般に9割もの人が間違ってしまう問題なので、簡単に解法を示しておこう。

「片方の面が母音ならば、もう一方の面は偶数」というルールは、

i「片方の面が母音ならば、もう一方の面は偶数でなければならない」

ii「片方の面が子音ならば、もう一方の面は偶数でもよいし奇数でもよい」

iii「片方の面が偶数ならば、もう一方の面は母音でもよいし子音でもよい」

iv「片方の面が奇数ならば、もう一方の面は子音でなければならない」

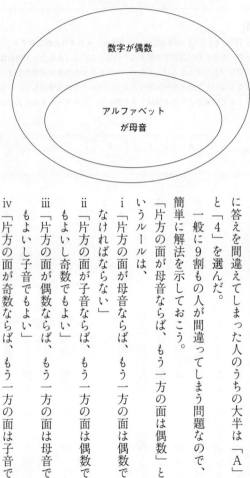

〈3囚人問題〉

【問題】

3人の囚人 A、B、C がいる。3人とも処刑されることになっていたが、恩赦で1人だけ助かることになった。誰が恩赦になるかは決定されたが、まだ囚人達には知らされていない。

結果を知っている看守に対し、囚人 A が「B と C のうち、どちらかは必ず処刑されるのだから、処刑される1人の名前を教えてくれても、私に情報を漏らしたことにはならないだろう。1人を教えてくれないか」と頼んだ。

看守はその言い分に納得して「囚人 B は処刑されるよ」と教えてやった。

これを聞いた囚人 A は、「はじめ、自分が助かる確率は 1/3 だったが、今や助かるのは自分か C かのどちらかなのだから、助かる確率は 1/2 に上がった」と喜んだ。

さて、実際には、看守の返事を聞いたあとの、囚人 A が助かる確率はどれだけか。

という4つのパターンを意味しているのである。ここで、ii「片方の面が子音」の場合とiii「片方の面が偶数」の場合は、「もう一方の面は何でもよい」ということを言っているのだから、「F」と「4」のカードはめくって確認する必要は無いのである。

命題の意味的包含関係を明確に捉えるためにはベン図が有効であるということを第Ⅲ章で紹介したが、この問題のルールを右頁のようにベン図で表してみれば、i～ivが明快に理解できるだろう。

3囚人問題

もう1つ、多くの人がしばしば間違えてしまう問題として「3囚人問題」を紹介しておこう。

上図の「3囚人問題」は作者不詳であるが、

「4枚カード問題」よりも前から心理学、論理学の分野で「人はなぜ間違えてしまうのだろう」というテーマで広く研究されてきた問題である。

まず解答から示そう。囚人Aが助かる確率は1/3である。そして、東京の大学生14２人を対象にした実験では、正解率は約14％で、答えを1/2として間違えた人が約76％であった（その他の答えをした人が約10％）。

問題の構造はシンプルだし、確率計算に必要な算数も簡単な加減乗除だけで足りるし、計算をする時間も十分に与えられているにもかかわらず、86％の人が間違えてしまうのである。しかも、1/2という誤答に4分の3もの人が集まったということは、人間の脳にネイチャーとして間違える定型的な性向があることを示している。

簡単に解法例を示しておこう。

求めるのは「Bは処刑されると看守が言った時の、Aが恩赦になる確率」である。

まず「看守がBの名前を言った時」の場合分けをしてみると、

i「Aが恩赦になる場合で、看守がBの名前を言った」

ii「Bが恩赦になる場合で、看守がBの名前を言った」

iii「Cが恩赦になる場合で、看守がBの名前を言った」

となる。

〈囚人Bが処刑されると告げられた時の、囚人Aが恩赦になる確率〉

$$\frac{\text{i}}{\text{i}+\text{ii}+\text{iii}}=\frac{1/3\times 1/2}{1/3\times 1/2+1/3\times 0+1/3\times 1}=\frac{1/6}{1/6+0+1/3}=\frac{1}{3}$$

iでは、Aが恩赦になるので、処刑されるのはBとCであり、看守がBと言う確率は1/2である。

iiでは、Bが恩赦になるので、看守がBの名前を言う確率は0である。

iiiでは、Cが恩赦になるので、処刑されるのはAとBだが、看守がAと言ってしまうと処刑の情報をAに漏らしたことになってしまうのでAとは言えない。したがってこの場合は、看守がBと言う確率は1である。

そして、iもiiもiiiも起こり得る確率はそれぞれ1/3なので、先の場合分け毎の確率を考慮すると、Aが恩赦になる確率は上の式のようになる。

AもBもCも、恩赦を受けられる事前の確率は1/3ずつであり、看守の「Bは処刑される」という言葉でAかCのどちらかに絞られたわけであるが、Aが助かる確率は1/3であり、事前確率と変わらなかったわけである（ちなみにこのケースでは、当然ながらCが助かる確率は2/3である）。

以上、心理学や論理学で古典的ケースとして研究されてきた「4枚カード問題」「3囚人問題」という2つの問題とその正解率の低さを紹介したが、人間の脳はネイチャーとしてこれほど簡単な論理すら間違ってしまうことを実感していただけたであろう。

プラナリア観察実験

ここまでに紹介した「4枚カード問題」と「3囚人問題」は、人間がネイチャーとして間違って思考してしまう典型的なケースであった。しかし人間の脳はこうした思考のミスにとどまらず、もっと単純な判断すら間違ってしまう。

思考のプロセスを含まない、ほとんど知覚的認知と言っても差しつかえ無いほどの単純な判断においてですら、人間の脳はあやふや・曖昧であることを実証した事例も紹介しておこう。

その典型的な事例とは、プラナリア（全長2㎝くらいの扁形動物）の行動を観察する「プラナリア観察実験」である（左頁の図）。

この実験結果が示すように、人間は思考以前の段階でもバイアスのかかった認知・判断をしているのである。人間が何らかの思考をしようとすれば、思考対象に関する何らかの情報を観察するなり、読むなり、聞くなりして取り込まなければならない。そして人間の脳は、思考の材料とする情報を取り込む時点でもう既に間違えてしまうのである。

先に紹介した2つの問題と合わせて、人間は認知においても思考においても〝いかに間違いやすいか〟が分かっていただけたであろう。

【プラナリア観察実験】

この実験は、観察者を２つのグループに分け、それぞれ別の事前情報を与えた上でプラナリアが頭を回転させた回数と、体を収縮させた回数を数えてもらう実験である。

観察者の１つのグループには事前に「プラナリアとは、よく頭を回転させたり体を収縮させたりする生き物であるので、注意深く観察して下さい」という指示が与えられており、もう１つのグループには事前に「プラナリアとは、あまり頭を回転させたり、体を収縮させたりしない生物なので、注意深く観察して下さい」という指示が与えられた。そしてこの２つのグループが同じ水槽の中のプラナリアを観察し、頭を回転させた回数と体を収縮させた回数を数えた。

結果は、事前に「プラナリアとは、よく頭を回転させたり体を収縮させたりする生き物である」という情報を与えられていたグループが報告した回数は、頭の回転の回数についても体の収縮の回数についても、もう１つのグループの２倍以上だった。

② 認知バイアスとは何か

人間の脳はネイチャーとして間違うものであるということを知っていただいた上で、次に人が論理的思考を行う場合に〝正しく考える〟ことの障害について具体的に説明していこう。

論理的思考の典型的障害としては、本節の冒頭で示したように「認知バイアス」と「後づけの論理《ロジック》」が挙げられる。

まず「認知バイアス」から説明しよう。「認知バイアス」とは、人間の本能や感情による影響や、経験や知識による先入観によって、判断や思考にバイアス（偏向）がかかってしまう現象である。

人間が陥りがちな認知バイアスには、研

究者の命名および整理の仕方によって様々なパターンが示されているが、本書では大きく次の3つに分類して説明していく。

i：自分の信念に固執することが要因となって客観性を損なうバイアス

　代表例は確証バイアス

ii：自分の感情／好悪に影響されて客観性を損なうバイアス

　代表例は感情ヒューリスティック

iii：社会通念や自分の経験則に基づいた先入観によって客観性を損なうバイアス

　代表例はステレオタイプ

確証バイアス：信念への固執が招くバイアス

確証バイアスとは、自分の仮説や信念を支持するような情報を集めてファクトを積み上げていく一方で、反証となる情報を無視したり軽視したりすることである。ちなみに、先ほど紹介した「プラナリア観察実験」で見られた判定の歪みは確証バイアスの典型的事例である。

確証バイアスによって、「結論ありきのロジック」を作るための偏った根拠の収集を行ったり、自分の信念に都合のよい解釈をしたりして、結果として正しい論理的思考が行われない状態となってしまうのである。

具体例で示そう。

「今回の新製品は、20代~30代の女性に人気が出てよく売れるに違いない」という〝確証〟が心の中にあった場合、「知人の20代女性にプロトタイプを見せたらとても欲しいと言っていた」とか、「社内の若い女性社員にも好評である」といった情報を重用するようになる。逆に、「いい製品だと思うけど私はいらない」という20代女性の意見や、「40代男性がぜひ欲しいと言っていた」等といった、自身の確証に反する内容の情報は、例外的なものであると判断して軽視したり無視したりしてしまう。もしくは、最初から無意識的に、自身の考えを肯定してくれそうな人だけを選んで意見を聞こうとしてしまったりするのだ。こうした行動・判断が「確証バイアス」である。

このような確証バイアスを避けるためには、情報を入手する際に、「それがファクトであるかどうか/集めたファクトに偏りが生じていないかどうか」を見極めることである。言い換えると、「それが結論を強めるのに有効かどうか」の観点から情報を収集・解釈していないかという点を意識的に自省することが必要である。また、取るべきスタンスとしては、自身の主張や立場に反するような情報に対して意識的に耳を傾け、自身の主張に適合する情報に対しては、本当にファクトであるのかを十分に吟味し、慎重に取り扱うことである。

また、この確証バイアスに似たものとして、自分自身の成功／失敗に関する認知バイアスである「自己奉仕バイアス」というものがある。

自己奉仕バイアスとは、成功した場合には自身の内的要因（能力や努力など）による成果であると判断する一方で、失敗した場合は自身ではコントロールの及ばない外的要因（環境や他人など）の問題であると判断するというものである。

具体例を挙げると、たとえば営業マンが大口受注に成功した時には、「営業資料が得意先の戦略に内容・タイミングともにミートしていた上に、常日頃から相手のキーパーソンとの関係を地道に築いていたからだ」と自身に有利な形で理解・解釈する一方で、自分が大きな失注をした時には「競合が多額の値引き攻勢に出てきた」とか、「そもそも自社製品の性能が悪くて営業力だけでは製品力の差をひっくり返せなかった」などと、自身が不利になるような状況を避けるように原因づけるような話である。

これは、自分に都合の良い情報だけを主張し、都合の悪い情報を無視したり軽視したりするという点で先に示した確証バイアスと共通している一方で、確証バイアスは自身の〝立論〟に対して根拠またはファクトの偏りを生じさせていたのに対して、自己奉仕バイアスは自身の〝成果〟に対して根拠またはファクトの偏りを生じさせるものであるという違いがある。

自己奉仕バイアスに陥るのを避けるためには、原因を外的要因に求めていることに気づいたら意識的に内的要因にも目を向け、また原因を内的要因に求めていることに気づいたら意識的に外的要因にも目を向けることである。そもそもバイアスとは〝偏り〟という意味であり、バイアスを解消するためには、バイアスの反対の意味となる〝バランス〟を取ることへの意識が求められるのである。

感情ヒューリスティック：好き嫌いに起因するバイアス

感情ヒューリスティックとは、個人や事象に対する感情、特に好き嫌いで物事を判断してしまうことを指す。たとえば、なかなか好きになれないXさんの発言内容を否定的に受け取ってしまう一方で、尊敬しているYさんの発言内容は頭から信じ込んでしまうといったように、「どのような内容か」ではなく「誰が述べたのか」によって情報を選別・判断してしまうのが感情ヒューリスティックである。

感情ヒューリスティックは、人間の生存本能の一部としても発達してきたものと考えられる。身近にいる人たちに対する好意的な感情は、その人たちの意見に対する好意的な反応に繋がり、コミュニティ内での余計な諍いを未然に防ぐことに貢献する。

このバイアスは、客観的で論理的な判断よりもコミュニティ内での良好な人間関係の方が、当事者にとってもコミュニティにとってもより重要である場面が少なくないという、現実的メリットに基づいて形成されてきたと考えられている。

また営業マンの営業トークも、この感情ヒューリスティックを利用している。自身を人間として信用してもらい、契約に結びつけるために、営業マンは営業活動をお客さんとの関係構築から始める。つまり、感情ヒューリスティックは事象の正誤を客観的に判断することではなく、敵味方の区別をつけ、結束力を高めたり信頼関係を築いたりするために働くものなのである。

感情ヒューリスティックに陥らずに正しい結論に辿り着くためには、すなわち人で判断せずに物事の内容で判断するためには、意識的に属人性を排除して考えてみることである。具体的には、今日の前にいる人とは全く異なる立場の人や異なる利害を持っている人が同じ言葉を発した場合に、自分がどのような解釈・判断をするかを想像してみることである。全く同じ内容であっても、発信者/発言者によって自身の捉え方・感じ方が異なるのであれば、自分が感情ヒューリスティックに陥っている可能性が高いことを認識することができる。

また、この感情ヒューリスティックと似た認知バイアスに「ハロー効果」がある。〝ハロー〟とは聖人の頭上に輝く光の輪（東洋風には後光）のことで、光の輪の輝きでその人の全てが良く思えてしまうというバイアスである。

たとえば、よく行くカフェのウェイトレスがいつも気持ちの良い挨拶をしてくれて、注文の品を出してくれる所作も丁寧で、……といったとても感じの良い人だった場合に、この人はお店の出勤に遅刻することなぞなく、自分の家もきちんと片付いて掃除が行き届いていて、毎日バランスの良い食事を自炊していて、……と想像してしまうような効果である。実際は、感じが良いのはお客さんの前だけで、厨房の中では同僚の悪口ばかり言っていて、遅刻の常習犯で、家は乱雑で、食べるものはカップ麺とポテトチップスばかりなのかもしれない。

他にも、英会話が得意な人に対して、きっと社交的で、交渉力があって、外国の文化や習慣にも精通しているだろうと想像したりするかもしれないが、実はその英語はネイティブの人からすれば上品な話法とは言えないもので、社交的というよりは図々しいだけで、交渉どころかまともに相手にしてもらえない人かもしれない。

このように、1つの印象的な長所や利点に目がいって、本来はその長所とは関係のない部分まで良く見えてしまうのがハロー効果である。

また感情ヒューリスティックにおいて、好意を持った人に対して評価が全般的に甘くなるのと対照的に、嫌いな人に対しては全般的に厳しい評価になるという逆のバイアスがかかるように、ハロー効果にもネガティブ・ハロー効果もある。つまり、たった1つの目につく欠点や短所のために、その短所と直接関係の無い点まで悪く想像してしまうバイアスである。

ハロー効果に陥らないようにするためには、何か1つ長所や短所が目についたとしても、その光の輪に目が眩《くら》まないように落ち着いて冷静に対峙することである。そして、誰にでも／何事にも、良い面もあれば悪い面もあるという認識に立って、ものを見て、判断・評価することである。

ステレオタイプ：固定観念によるバイアス

3つ目は、ステレオタイプに基づく認知バイアスである。

ステレオタイプに基づく認知バイアスとは、ある集団に対する固定観念的な知識やイメージを、その集団に所属する個にそのまま適用してしまい、その個に対する認識が実態と乖離してしまうことを指す。

たとえば、「Aさんは稀有な才能を持つアーティストだが、アーティストは時間管理に対する意識が薄い。Aさんには今回初めて弊社のプロジェクトメンバーとして加わってもらうが、この案件は締切を延ばすことができないため、丁寧なタイムマネジメントを行わなければならない」といった考え方である。

確かにアーティストの中には、時間や期限の遵守よりも、多少遅れてでも作品の質を上げることを優先するといった人もいるが、それはアーティストに限った話ではないし、Aさん個人がどういったタイプすなわち性格の人であるかは分からない。この場合の「アーティストの一般像」は、世間で言われているものであったり、発言者がそれまでに接してきたアーティスト達を元にして作り上げられたものであり、これをAさんという個人にそっくりそのまま当てはめることはできない。

もちろん、一般化された情報はある程度の妥当性を持つものであり、通常は社会一般的に共有し得る内容であることも多い。しかしこれは、その集団およびグループに属する人の〝多数／マジョリティ〟がそのような特徴を持つということを意味するに留まり、そっくりそのまま全ての個人に適用できるわけではない。特に、集団およびグループに対するイメージが強ければ強いほど、個別の情報が見落とされたり軽視されたりしがちである。このようなステレオタイプ寄りの見方にならないためには、何でも属性に基づいた先入観のみで判断していないかどうかを常に自省的に意識して考えてみることが必要である。

また、ステレオタイプに似た認知バイアスに、代表性ヒューリスティックというものが

〈代表性ヒューリスティック〉

【リンダ問題】

リンダという女性がいます。彼女は独身で、とても頭が良く、はっきりとものを言う性格です。大学では哲学を専攻していて、人種差別や民族差別などの社会問題に深くかかわっていました。

さて、リンダの職業は次のどちらの可能性が高いでしょうか？

A）銀行の窓口係

B）女性解放運動を行っている銀行の窓口係

ある。

代表性ヒューリスティックとは、文字通り〝代表的・典型的〟な例を以て判断することである。そして、この代表性ヒューリスティックがうかがえるケースとして、認知科学分野で有名なカーネマンとトヴェルスキーが作った「リンダ問題」がある（上図）。

一見、Bの方がリンダのイメージに〝合っている〟ように感じたのではないだろうか。なぜならば、前提文から、リンダは単なる銀行の窓口係というよりも、女性解放運動を行っているイメージを強く感じるためだ。

しかしこれらの選択肢の包含関係をよくよく考えてみると、BはAに完全に包含される（左頁の図）。つまりリンダだろうがメアリーだろうがジョンだろうが、論理的には全員「Aである可能性の方が高い」のである。

このように代表性ヒューリスティックは、強い代表的イメージによって論理が覆された結論を想起してしまう

〈リンダ問題の選択肢の包含関係〉

ところに問題がある。これも冷静に包含関係で考えれば間違いようがない問題であるため、印象やイメージだけで結論づけてしまわないよう、注意すべきであろう。

ここまで、典型的な3つの認知バイアスとその類型について紹介してきた（次頁の図を参照）。ここで挙げた事例を見ても分かるように、脳は感情や思い込みだけによってではなく、豊かな思考の母胎として重要な知識や経験によっても認知バイアスに陥ってしまうのである。

またそれぞれのバイアスは、客観性や論理性を阻害する要因ではあるものの、その一方で人間が生きていく上での別のメリットをもたらしてくれていることにも留意が必要である。たとえば、ステレオタイプは社会通念として通用する程度の代表的属性を適用することで、効率的に〝だいたい正しい〟判断ができるわけだし、感情ヒューリスティックもコミュニティの紐帯を尊重し、コミュニティの中での自分の位置を安泰にするとい

〈代表的な認知バイアス〉

確証バイアス	感情ヒューリスティック	ステレオタイプ
自分の信念に固執することが要因となって客観性を損なう	自分の感情／好悪に影響されて客観性を損なう	社会通念や自分の経験則に基づいた先入観によって客観性を損なう
cf. 自己奉仕バイアス	cf. ハロー効果	cf. 代表性ヒューリスティック

うメリットを与えてくれるものである。

このように、多くのバイアスは本能と同じく、人間が生きていく上でのメリットを有しているので、完全に否定すべきものではないし、また完全に払拭するのも難しいと認識すべきであろう。

したがって、冷静に客観的に論理的思考を行うためには脳の自然なメカニズムに反した動きを意識的に取る必要があるのだが、とはいえ、これは決して容易なことではない。正しく論理的思考を行うためには、「正しい論理的思考」とはなにかということについて知っているだけではなく、「ネイチャーとして間違える脳」についても理解した上で、バイアスに陥らないよう意識的に修正する思考態度が求められるのである。

③ 後づけの論理《ロジック》による誤り

本節の冒頭でも述べたように、論理的思考を正しく行うことによって本当に正しい結論を導き出すことは人間にとって非常に難しい。先に説明した様々な認知バイアスの影響を受けるだけでなく、思考プロセス自体が非論理的に働くメカニズムをネイチャーとして持っているのである。

近年、認知科学の研究によって明らかになった人間の脳が判断を行う時の通常のプロセスを示しておこう。

i　まず瞬間的／無意識的に「結論」が浮かび、
ii　その「結論」が成立し得るような「根拠と論理」を探し出してきて後づけし、
iii　瞬間的に浮かんだ「結論」と後づけで探し出した「根拠と論理」を結び付けて「論理的思考」を行ったように思いこむ

というのが、人間の脳の自然な思考プロセスなのである。

つまり、このi〜iiiの流れを見ても分かるように、「根拠＋論理」→「結論」という本来の論理的思考のプロセスとは全く逆の「結論」→「根拠＋論理」という経路が辿られることになる。そして人間の脳がこうしたプロセスで思考しているがゆえに、ネイチャーとして論理的に間違えるのである。こうして間違えるパターンが「後づけの論理《ロジック》」である。

無意識で働く「システム1」と意識上の「システム2」

思考／意思決定を行うにあたって作動する脳のメカニズムには、「システム1」と「システム2」という2つの経路がある。

「後づけの論理《ロジック》」のメカニズムについてもう少し詳しく解説していこう。

「システム1」は、知識と経験の集積によって働く、無意識的な直観的判断の経路である。目の前に段差があったら歩行時よりも足を高く持ち上げなければならないし、午前中に知人に会ったら「おはよう」と挨拶をする。これをいちいち、「段差の高さは何センチで、定量的にはどれくらい足を上げなければならないか」とか、「今は10時だから挨拶は〝こんにちは〟よりも〝おはよう〟が良い」とか考えていたら生活が成り立たない。また、たとえば脇道から自転車に乗った子供が飛び出してきた時などに、「この自転車はどれくらいのスピードで、1秒後にはどれくらい進んでいて……」などと考えていたらお互いの身の危険に繋がるため、考えるより先に回避行動をとるようにできている。このように、パターン認識的な判断や危機回避の判断にシステム1はフル活用されているのである。

システム1の特徴は、判断を下すまでのスピードが非常に速く、それなりに精度が高く、人間自身の意識は関与していないという点である。足を上げるのも、おはようと返すのも、飛び出してきた自転車を避けるのも、通常、「思考」して出した結論ではない。考えなくとも瞬間的・無意識的に結論が出せて、その多くは正しい判断であるので、非常に効率的な判断プロセスであると言えるのだ。一説には生活における判断の9割以上をこのシステム1で担っているという見方もあり、それでいて特段の不自由なく暮らせているのだから、その意味においては合理的である。

これに対して「システム2」は、意識的に思考して結論を出す思考のプロセスである。システム2は、システム1と比較にならないほど判断スピードが遅い。仮にシステム2だけを使って日常生活を送ろうと思ったら、寝起きしたり食事をしたりといった生理的欲求を満たすための行動で日が暮れてしまうだろうし、スピードだけでなく脳での情報処理におけるエネルギー効率も非常に悪い。

それでもシステム2が使われるのは、システム1には担えないような客観性や確率性、複雑性や抽象性、および時間的概念を扱うことができるためである。システム1は「イマ・ココ」の判断だけしか扱うことができないのに対して、システム2では、過去から学んだり未来を予測したり、経験していない事柄でも知識から推論を行ったり、確率的な判断を行ったりすることが可能である。本書のテーマである論理的思考もシステム2がなせる業《わざ》であり、このシステム2の発達が人間の進歩と繁栄に繋がったとも考えられている。

この、システム1とシステム2という脳の思考および意思決定のメカニズムは、近年認知科学の研究が進んだことによって明らかになってきたものであり、専門的には二重過程理論（二重プロセス理論）と呼ばれる。何十年か前から心理学の分野では注目されていたテーマであったが、ノーベル経済学賞を受賞した心理学者のダニエル・カーネマンの著作『ファスト&スロー』のメインテーマとして紹介され、広く知られることとなった。

さて、脳の意思決定メカニズムが2経路あるのであれば、そのうちのシステム2だけを作動させて論理的思考を行えば問題無いのではないかと思われるかもしれないが、あいにく脳はそう都合よくはできていない。本人が意識せずとも、システム1は意識の外側で勝手に始動する。つまり、論理的思考を行おうとした瞬間には、すでにシステム1が作動して無意識的・直観的に結論を出しているのである。

システム2はシステム1のプロセスが全て完了してから起動する。そのため、システム2はどうしてもシステム1の直観的判断を正当化するための論理を後追いで構築することになる。しかも意図的に正当化しているわけではなく、当人は「後づけの論理《ロジック》」を作り出したという自覚が全く無いため、後づけで論理構築を行ったにもかかわらず、ファクトとロジックに裏打ちされた論理的思考を行った気になってしまうのである。

以上が脳のネイチャーとしての「後づけの論理」のメカニズムであるが、システム1を意識的にコントロールできない以上、「後づけの論理」のプロセスは不可避的に作動して

〈脳の判断プロセス〉

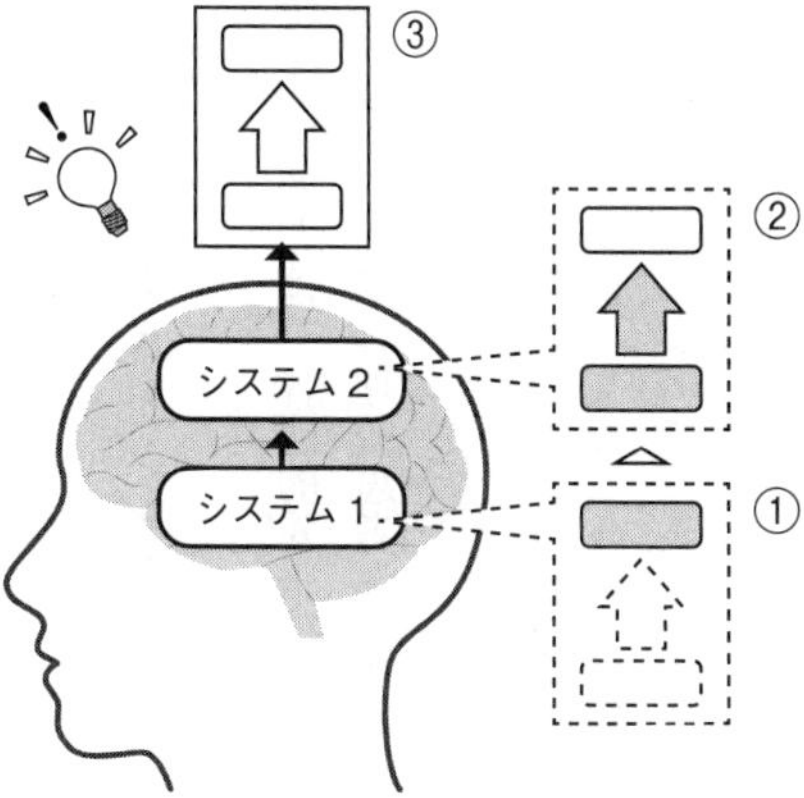
③
②
①
システム２
システム１

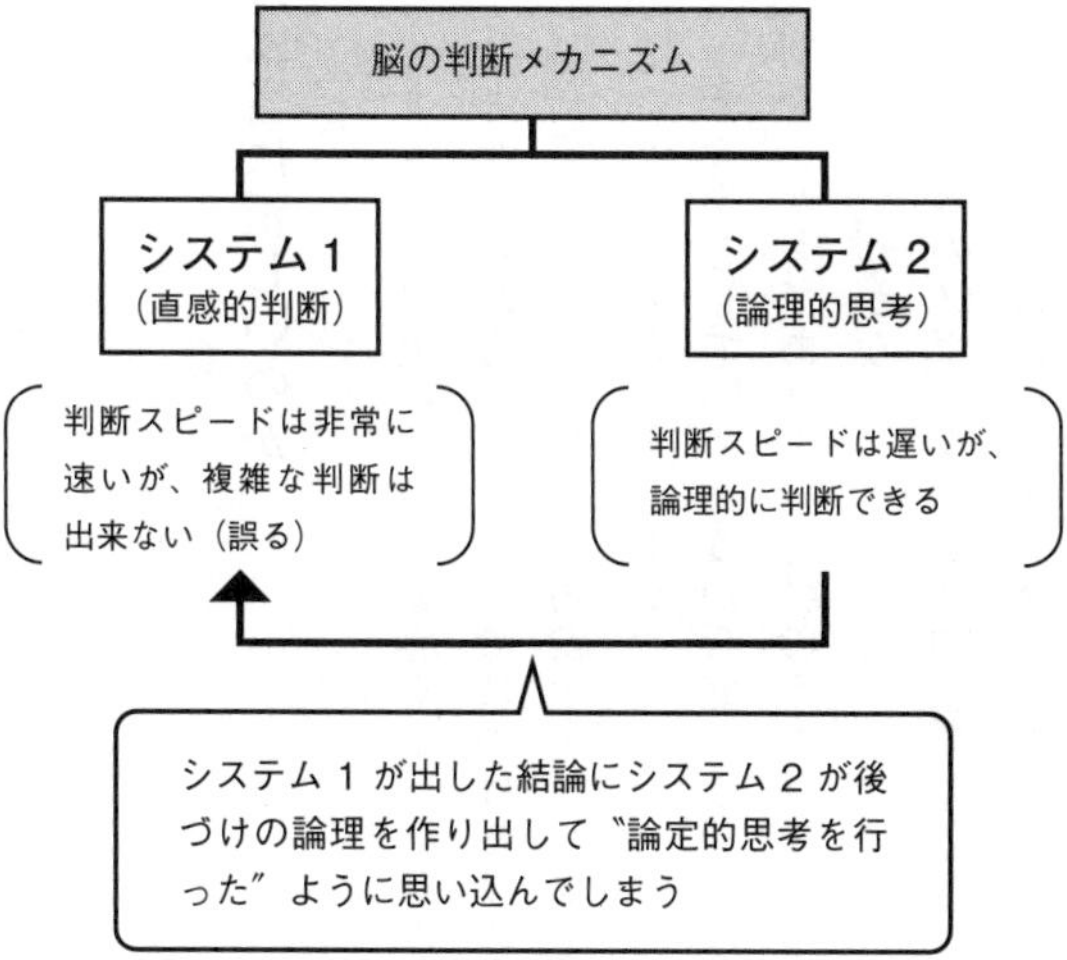
脳の判断メカニズム
システム１
（直感的判断）
システム２
（論理的思考）
判断スピードは非常に速いが、複雑な判断は出来ない（誤る）
判断スピードは遅いが、論理的に判断できる
システム１が出した結論にシステム２が後づけの論理を作り出して〝論定的思考を行った〟ように思い込んでしまう

しまう。しかし、システム1が引き起こす誤謬や認知バイアスのパターンを知った上で、次節で説明するクリティカル・シンキングを習得しておくことによって、人間の脳がネイチャーとして犯す間違いをかなりの程度防ぐことができるのである。

2　クリティカル・シンキング：それは本当に正しいのか

論理的思考とは、客観的妥当性のある考え方によって、根拠から結論を導くことである。本書ではここまで論理的思考を行うためのコアスキルやそれらのスキルを身につけるための what to do、how to do について具体的に説明してきたが、これらの知識やノウハウを得ることで論理的思考力の習得が十分に可能かというと、それでも難しい。

なぜなら、前節で見たように、人間の脳はネイチャーとして間違えるからである。人は直観や思い込みによってバイアスのかかった判断をしがちであり、無意識のうちに〝後づけの論理《ロジック》〟を作ってしまう。しかも、そうした誤謬に気づかない。

第Ⅲ章までに紹介・解説したコアスキルやスキル習得のノウハウが論理的思考力を身につけるための必要条件とするならば、論理的思考をよくするための十分条件とでも言うべき思考の方法論を本書の最後に示しておこう（左頁の図を参照）。

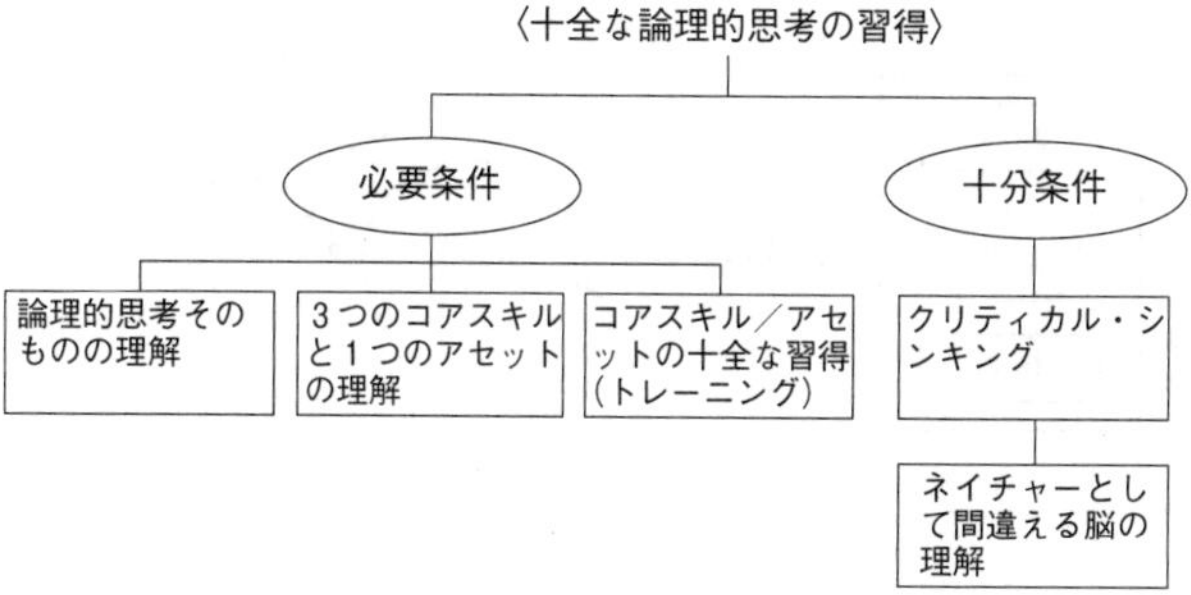

論理的思考の十分条件は「クリティカル・シンキング」である。

　クリティカル・シンキングとは、直訳すると「批判的思考」である。〝批判的〟というと否定的なニュアンスに捉えがちであるが、この場合は、理性と経験と直観について追究した哲学者イマヌエル・カントの『純粋理性批判』というタイトルに用いられている用法と同様に、「よく吟味する」という意味合いの方が適切であろう。批判の〝批〟は比較して良否を判断すること、〝判〟は見分ける、明らかにすることを意味している。

　要するに、クリティカル・シンキングとは「よく吟味する思考」であり、平易に言うならば、「それは本当に正しいのか？」と立ち止まってよく考えることである。

　認知バイアスや後づけの論理《ロジック》だけでなく、データの不備やファクトの誤認など、様々な原因によって誤った結論に至ってしまった場合であっても、「それは本当に正しいのか？」

と立ち止まって考えてみることによって事後的に論理の歪みや結論の誤りに気づき、意識的に軌道修正して、論理的にも現実的にも正しい結論に到達することが可能になるのだ。

① 論理チェックの3つのポイント

クリティカル・シンキングの方法論を端的に表すなら、ある論理に対して「それは本当に正しいのか?」と能動的に疑問を持ち、論理構造を形成しているファクター毎にその妥当性をチェックすることである。

第I章第2節において、論理構造は「根拠」+「論理」+「結論」で構成されると説明した。論理的思考によって正しい「結論」が導かれていないということは、「根拠」もしくは「論理」、あるいはその両方に誤りが生じているということである。

つまり、

i　根拠が妥当であるかどうか
ii　論理が妥当であるかどうか

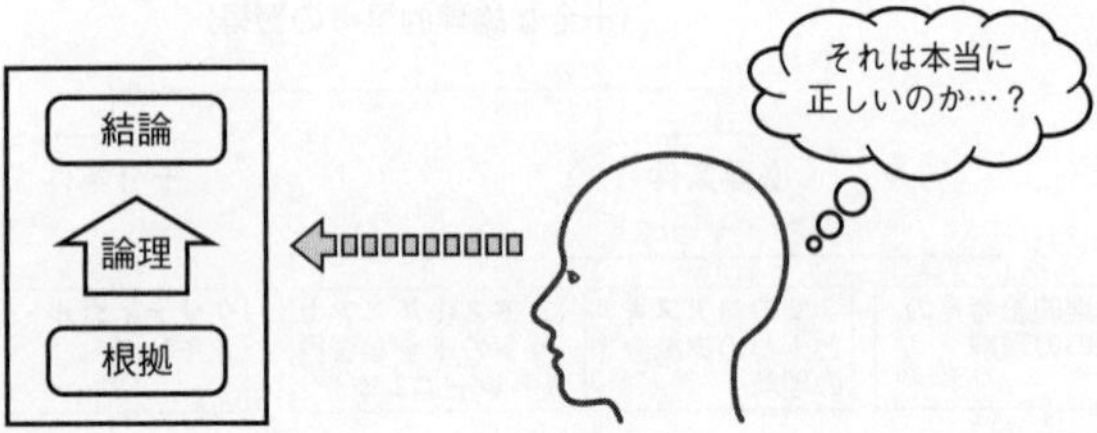

という2点をチェックすることによって論理性の検証を行うことができ、これがクリティカル・シンキングの方法論の軸となる。さらに、ⅰとⅱだけでは見落としが生じる可能性があり、これらを補う手立てとして、

ⅲ　結論と現実との整合性のチェック

が挙げられる。

以上のⅰ、ⅱ、ⅲが揃って、クリティカル・シンキングとなる。順に説明していこう。

根拠のチェック

根拠の妥当性が毀損《きそん》されるのは、根拠に据えられている情報やデータに誤りが含まれているか、もしくはその集め方に偏りがある場合である。それぞれどのように対応すべきか、その具体的手法を説明していこう（247頁の図を参照）。

まず根拠に誤りが含まれていないかどうかをチェックする上では、根拠に用いられている情報やデータの加工度を確認することが有効である。繰り返しになるが、論理的思考の大原則はファクトベースであり、ファクトを根拠に据えるからこそ、結論となるメッセージを正しく支えることができる。

ファクトとは一次情報、もしくはそれに準ずる情報を指す。基本的に、二次情報や三次

情報は個人や媒体による固有の解釈が介在するため、〝生の〟ファクトではない。仮に、記載されていること、表現されていること自体には虚偽や偽りがなくとも、何を記載しているか、何にフォーカスしているかということ自体が既に解釈・編集を含んでおり、〝生の〟ファクトとは乖離《かいり》があると見なさなければならない。

とはいえ、全てを一次情報で固めるのは非現実的である。コストも労力もかかるし、情報の入手の手段にも制約がある。したがって、「できるだけ加工度の低い情報を選択する」ことを心がけてファクトを集めるのが、クリティカル・シンキングにおける現実的手段となる。すなわち、「この情報はファクトをストレートに表現したものなのか」とか、「この情報には何らかの恣意性が入っているのではないか」、もしくは「よりファクトに近い情報が他に無いか」という点を常に意識し確認することが、根拠のチェックの第一ステップである。

また、根拠に偏りが無いかどうかのチェックも必要である。たとえば、自分が在籍している企業の新人社員１００人にアンケート調査を行ったとしても、その結果を「わが社の社員の意識調査」として扱うには対象者の属性があまりにも偏っているし、当然のことながら「社会人の意識調査」に使うこともできない。

現実的には「わが社の社員の意識調査」を行う場合に、手近なサンプルに頼ってしまう

〈根拠のチェック〉

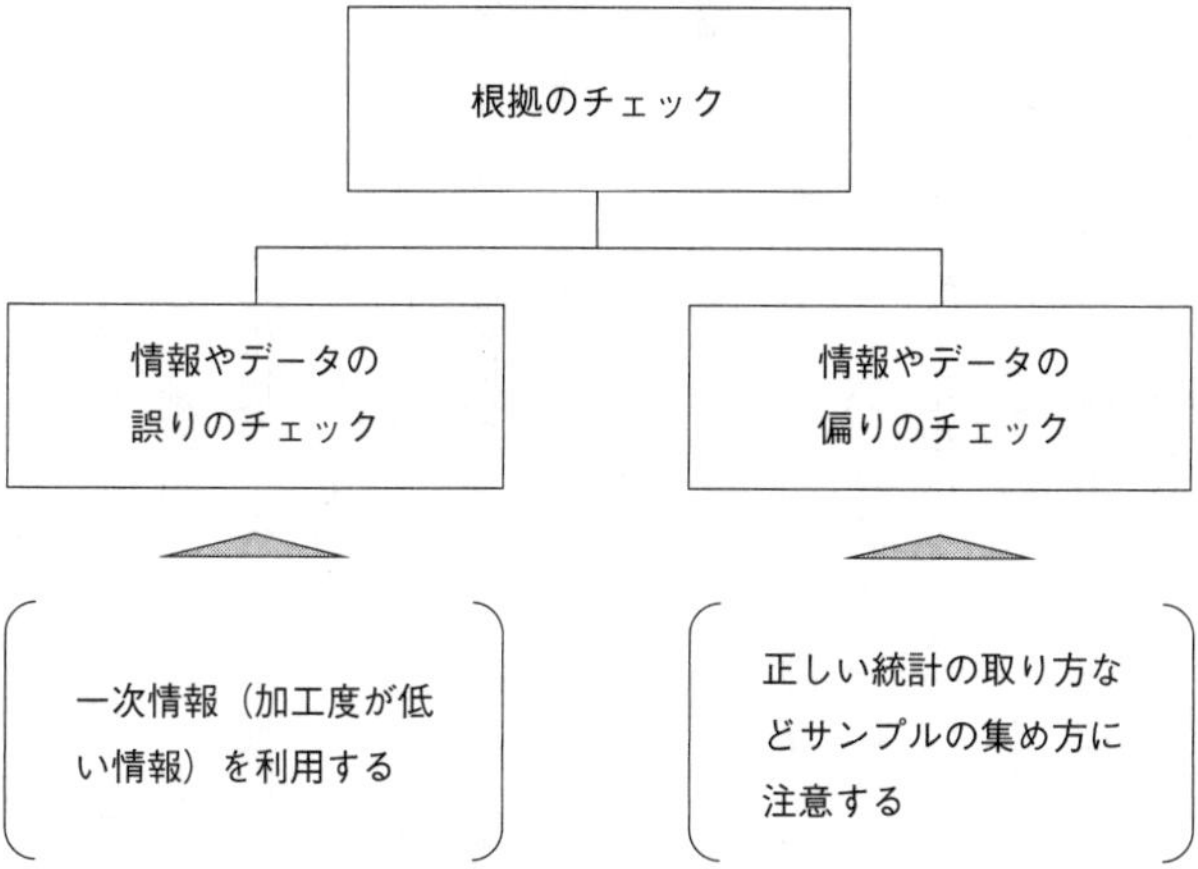
根拠のチェック
情報やデータの誤りのチェック
情報やデータの偏りのチェック
一次情報（加工度が低い情報）を利用する
正しい統計の取り方などサンプルの集め方に注意する

のはしばしば見られることであるが、いくら1つ1つのデータや情報がファクトであったとしても、その集め方に偏りがあれば、それらを統合した「根拠」はファクトからかけ離れたものになる。そこで可能な限り偏りを排するための工夫やテクニックが必要になる。

たとえば、日本国民約1・25億人を対象とした世論調査を行いたい時に全数調査を行うのはもちろん不可能だが、ランダムサンプリングであれば664人の対象者で信頼度99％のデータが得られるように、統計などの適切な手法を用いれば、総数は少なくても偏りが小さいサンプルを集めることは可能である。このように、根拠に用いられているデータや情報の偏り度合いを確認することが、根拠のチェックの第二ステップとなる。

何がファクトであるかを厳密に見極めることは難しいし、実際にファクトを収集するのも難しい。しかし、論理的思考を行う上で根拠に据えるファクトが的確でないものになってしまうと、その根拠を土台にして展開するロジックがいかに精緻で切れ味鋭いものであっても、文字通り台無しである。

的確なファクトを収集することがそもそも難しいため、つい安易に妥協してしまいがちになるが、確かな根拠を据えることは、論理の構造を支える堅い土台を築くことであり、論理展開のプロセスに優るとも劣らないほどの重要度を持つことを忘れてはならない。

論理《ロジック》のチェック

次に、根拠が妥当であったとしても、それを元に結論を導く上での論理《ロジック》（思考の道筋）が誤っていたら、当然、結論としてのメッセージは正しいものになり得ない。

前節で紹介した「認知バイアス」は、基本的にはファクトの認知・解釈の誤りの要因となるものであるが、思考の対象とする1つ1つの事象の認知・解釈が歪んでいては、当然ながらロジックの立論も歪むことになる。また「後づけの論理《ロジック》」はそもそも論理的思考プロセスを逸脱したものである。

こうした要因によって、一見すると論理的に見えて、実は妥当な論理展開になっていないということがしばしば起きる。

最も典型的なロジックの誤りは、単純相関関係にあるものを因果関係と見なしてしまうことである。

たとえば「A研修に参加した50名は、参加しなかった残りの100名と比較して、下半期の営業成績が有意に高かった」という情報があった時、「A研修は営業スキルの向上に寄与する」という結論を導いてしまいがちである。

しかしこれは短絡的な思考である。そもそもA研修に参加した50名は参加しなかった100名よりももともと営業スキルが高かったのかもしれない。また、A研修への参加を希望したのが営業成績を上げることに熱心な〝やる気〟のある50名であったので、好業績をもたらしたのは研修で向上したスキルではなく、〝やる気〟によるものだったのかもしれない（いずれにせよ、50名の選び方がランダムサンプリングになっていなかったということである）。

この場合、営業成績が向上したこと自体はファクトだったとしても、それがA研修の受講によって営業スキルが向上したからなのか、研修参加者に選抜されたことによるモチベーションの向上によるものなのか、仕事（営業）に関わる総時間数が増加したことによる

〈論理《ロジック》のチェック〉

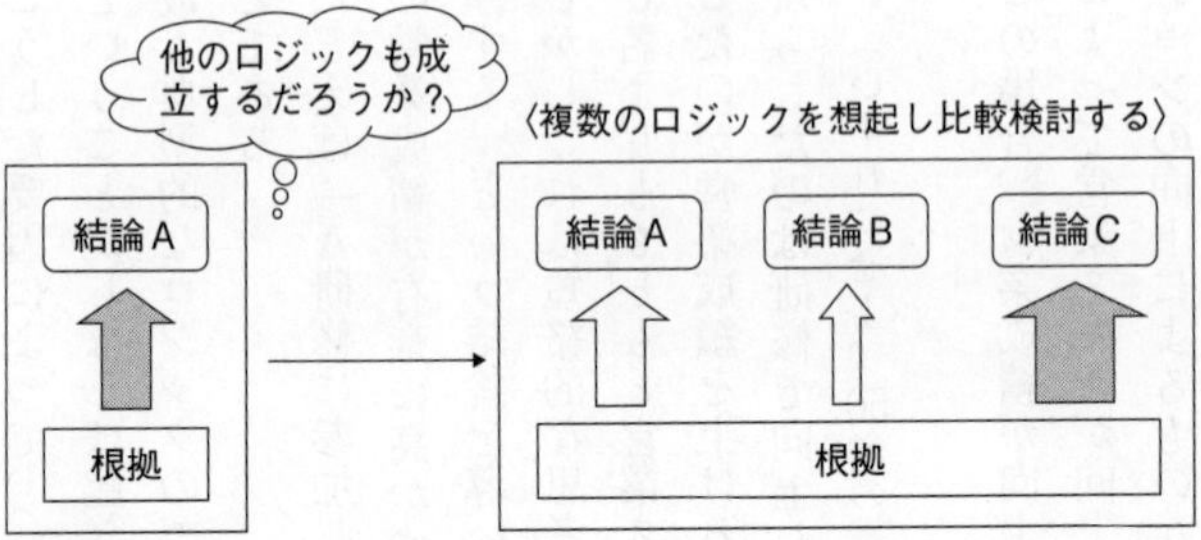

ものなのか、この事実からだけでは分かり得ない。この例では、A研修を受けた50名の営業成績がその他の100名よりも高かったという事実は、事実的相関としては認められるものの、因果関係と即座に判断するのは乱暴な、すなわち非論理的な思考だと言わざるを得ないのである。

　このように必ずしも因果関係ではないものを因果関係と見なしてしまう背景には、1つのロジックを思いついた時に他のロジックが成立するかどうかを検討せず、決め打ちをしてしまいがちであるという問題がある。つまりシステム1によって思いついた解に飛びついてしまうのだ。

　これを防ぐためには、まずはどのようなロジックが成立し得るのか、たとえば先の例で言えば、研修を受けた50名の方がもともと営業マンとして優秀だったのではないかとか、研修を受けてモチベーションが上がったからではないかとか、長時間働いたからではないかといった、「他の可能性」を探してみることが有効かつ必要なのである。すなわち事象と事象が繋がれる意味的連動性の多様なパターンを意識的に考え出した上で、それらを比較検討して「より妥当性の高い」ロジックを探すことが、クリティカル・シンキングとしての論理のチェックなのだ。

結論のチェック：根拠と論理へのフィードバック

論理的思考は、根拠と論理の妥当性が保たれていれば、〝論理的には〟結論の妥当性も自ずと担保され、現実的に正しいメッセージとなるはずである。

しかし、根拠も論理も100%正しいものは無い以上、いくら慎重にファクトを集め、いくら注意深く論理を組み立てても、論理的思考によって「完全に妥当な結論」に辿り着ける保証は無い。

このようなことから、根拠+論理→結論という一連の論理的思考が確実に正しいことを証明する手段は無い。

ただし、誤っていることを見つける手段はある。それは、結論に対する明らかな反証例が存在するかどうかのチェックである。もし反証例が存在するのであれば、その結論の元になった根拠、もしくは論理に誤りが含まれていることになる。

たとえば、「A君が難関大学であるX大学の入学試験に合格したのは、毎日6時間以上

〈結論のチェックによるフィードバック〉

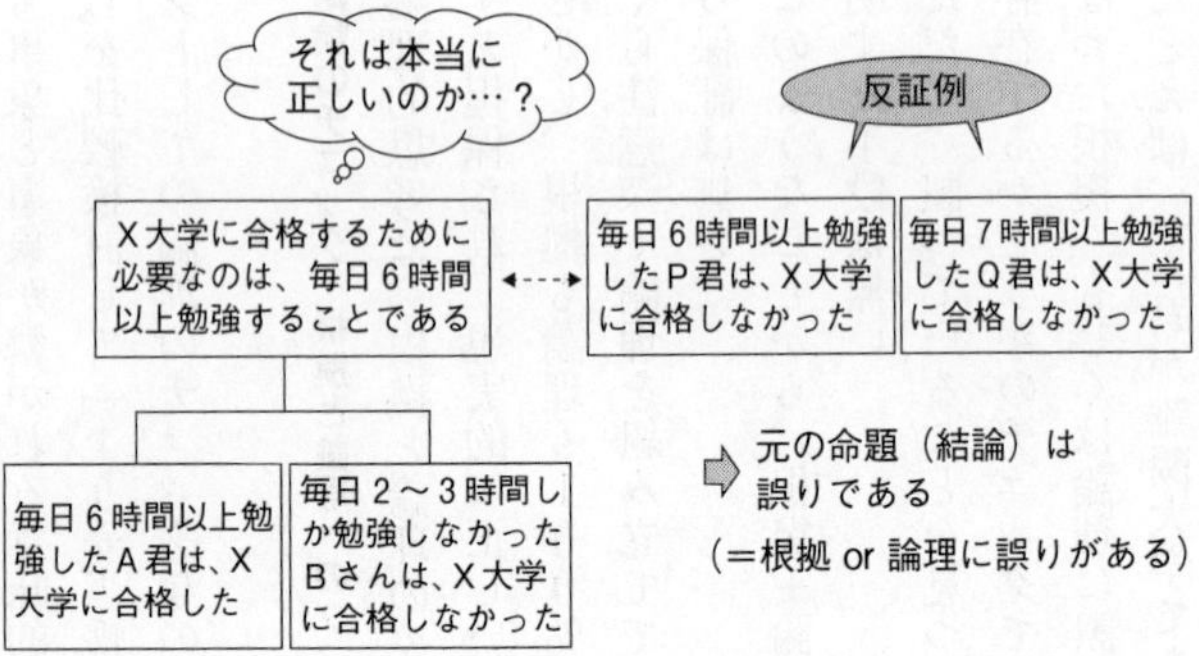
それは本当に正しいのか…？
反証例
X大学に合格するために必要なのは、毎日6時間以上勉強することである
毎日6時間以上勉強したP君は、X大学に合格しなかった
毎日7時間以上勉強したQ君は、X大学に合格しなかった
毎日6時間以上勉強したA君は、X大学に合格した
毎日2〜3時間しか勉強しなかったBさんは、X大学に合格しなかった
元の命題（結論）は誤りである
（＝根拠 or 論理に誤りがある）

勉強したからである」という主張があったとする。

実際に、A君の兄のBさんは中学、高校を通してA君よりも上位の成績を取っていたが1日2〜3時間しか勉強せず、結果的に去年X大学の受験に失敗したという事実《ファクト》があったとする。

つまり、A君よりも成績の良かったBさんは毎日2〜3時間しか勉強しなかったためX大学の受験に失敗したが、A君は毎日6時間以上勉強したためX大学に合格したということである。ここから、「X大学に合格するために必要なのは毎日6時間以上の勉強である」という結論を導くことは、一見無理の無い立論に見える。

しかし、A君以外の受験生の合否を調べて、この結論と照らし合わせてみたら、毎日6時間以上勉強していたP君も、毎日7時間以上勉強していたQ君も不合格だったことが判明したとする。すると、このP君、Q君という、結論と整合しない反証例が見つかったことによって、先ほどの主張の論理展開の根拠か論理か、その両方が誤っていることが判明するのである。

A君、Bさんのファクトと、P君、Q君のファクトを合わせると、6時間以上の勉強という根拠が脆弱であるのは間違いない。たとえばA君とP君、Q君の違いを探してみると、6時間以上の勉強に加えて、X大学の入試に特化したZ予備校に通うという追加のファクターが見つかるかもしれない。その場合は、毎日6時間以上の勉強に加えて、Z予備校に通うことがX大学合格の条件だと推論できる。ここで、6時間以上の勉強とZ予備校の両方を満たしているにもかかわらず、入試に失敗した人が見つからなければ、この結論と現実が整合したことになり、根拠＋論理→結論の論理展開が承認されることになる。

このように、結論が現実と整合しているかどうかのチェックは、根拠の妥当性や論理の妥当性へのフィードバックとして働く。つまり、根拠の妥当性のチェックと、論理（思考の道筋）の妥当性のチェックの2つがクリティカル・シンキングにおけるメインファクターで、結論と現実との整合性のチェックは2つのメインファクターのチェックの有効性を確認するためのフィードバックとしての役割を持つのである。

実際に論文や報告書といったそれなりに入念に作成された対象に対してクリティカル・シンキングを行う場合には、最初から根拠や論理の瑕疵《かし》が見つかることはむしろ少ない。

結論と現実との整合性を細かくチェックしていく中で反証例を発見して、根拠・論理へとフィードバックされ、論理展開の精度が上がるというケースが多いのである。

② クリティカルなスタンス

ここまでクリティカル・シンキングの具体的な手法について説明してきた。根拠＋論理→結論という論理の構造に対応して、根拠およびファクトの妥当性をチェックし、論理の妥当性をチェックし、最後に結論と現実との整合性をチェックすることで、正しい論理的思考の追求が可能になる。

ただし、論理的思考のコアスキルの習得方法の解説でも示したように、クリティカル・シンキングにおいても、「何をするか：what to do」と同等以上に「どう行うか：how to do」が重要である。

最後にクリティカル・シンキングの要諦とも言うべき「クリティカル・シンキングのhow to do」を示しておこう。

人間の脳は、基本的には時間やエネルギーを十分に使って慎重に判断を下すようにはできておらず、通常、省エネで迅速に、〝だいたい正しい〟答えを得るような情報処理を行っている。様々な危険や解明し切れない複雑性の中で生存を確保し続けるためには、このような判断と行動が進化論的合理性を持っているのであろう。

また人間の脳は、こうした省エネ・効率重視の性質に加えて、非常に自己肯定的であるというネイチャーも持っている。認知バイアスに立脚した判断だろうが、後づけのロジックによる立論だろうが、一度〝論理的に成立する〟と自己判定したロジックや結論を否定することがたいへん苦手である。

このような人間の脳のネイチャーに引きずられることなく、客観的に、論理的思考を行うための思考の方法論が「クリティカル・シンキング」であり、その要諦となるのが「思考の節目節目で「それは本当に正しいのか？」と立ち止まって思考の妥当性を問う姿勢」、すなわちクリティカルなスタンスなのである。

クリティカルなスタンスに立って何を対象にして「それは本当に正しいのか？」と問えばよいのかについては、これまでに様々に示してきた。前項で示した根拠およびファクトの妥当性、ロジックの妥当性、結論と現実との整合性という3つのチェックポイントはもちろんのこと、前節で紹介した様々な認知バイアスに嵌《はま》っていないか、後づけの論理《ロジック》に陥っていないかというのも、問うべきチェックポイントである。さらに、前章までに解説してきた、タテ・ヨコの因果のチェックや、ベン図による包含関係の確認、ピラミッドストラクチャーの構造のチェック、定量的な蓋然性の判断まで、論理的思考をよくするための事項は全て「それは本当に正しいのか?」と問う際の具体的な視座であり、チェックポイントということができる。

したがって、ここではこうしたチェックの対象に対してどのような姿勢や態度を以て問えばよいのかについて、2点示しておこう。

「クリティカルなスタンス」を取る際の具体的な姿勢・態度とは、「安易に結論に飛びつかずに熟慮する」ことと、「一度出した結論を柔軟にアップデートする」ことである。

これまで説明してきた通り、人間の脳はネイチャーとして怠惰である。迅速に安易に得られる結論はその大半が認知バイアスやシステム1を経て導かれているものであり、一見論理的に見えていても実は客観的妥当性を欠いていることも少なくない。こうした脳のネイチャーに引きずられないようにするためには、自分自身の直観的判断に対してすぐには飛びつかないことである。一度直観的な判断が得られても、立ち止まって「それは本当に正しいのか?」と自省的な態度で自身の直観的判断に対峙し、あえて異なった結論や違う経路のロジックを自ら積極的に探ってみるくらいの熟慮性が必要かつ有効である。クリティカル・シンキングの本質は、こうした「熟慮的な吟味」なのである。

もう一点クリティカルなスタンスの具体的対応策として挙げられる「一度出した結論を柔軟にアップデートする」という姿勢・態度は、ネイチャーとして自己否定が苦手であることに対する対策となる。

人間の脳は、十分にクリティカルに考えて辿り着いた結論に対してはなかなか自己否定、自己修正することができない。認知バイアスをしっかりチェックし、後づけのロジックに陥らないよう留意しながら、ファクトと妥当な論理《ロジック》を積み上げて〝一度しっかり考えた〟という感覚は、その時の結論を正しいと思い込ませる要因となる。その結果として、新しいファクトの登場や環境条件の変化に対応することができず、ロジックも結論も実態から乖離していく場合がある。1つの事業で大成功を収めた企業や経営者が時代や環境条件が変わっても同じやり方に固執して失敗してしまう現象を「成功の呪縛」というが、個人の脳のネイチャーも同じような陥穽《かんせい》を抱えているのである。

したがって、こうした陥穽に陥らないようにするためには、一度クリティカルに考え抜いた結論とロジックであっても、新しいファクトや条件の変化を見つけたら、もう一度柔軟に考えなおしてみることを習慣づけることである。さらに言うと、もう一度柔軟に考え直してみるために、新しいファクトや環境条件の変化を意識的に探してみることが「クリティカルなスタンス」の起点になると言えよう。

以上のように「クリティカルなスタンス」＝「それは本当に正しいのか？」と常に問う

姿勢の原点は、自分自身の認識と思考に対する自省性にある。本節の冒頭で「クリティカル・シンキング」は〝批判的思考〟とするよりも〝吟味する思考〟として理解する方が良いという旨を述べたが、究極的には「クリティカル・シンキング」は「自分自身の認知と思考に対する批判的検証である」ということができるのである。

吟味するのは論理構造を成す各ファクターであるが、自分自身に対しては批判的に対峙すべしというのが「クリティカル・シンキング」の本質である。

複雑で不確実な環境の中で、間違えやすい脳を以て思考する自分自身の認知と思考に対して、徹底的な批判的検証を行えてこそ、正しい論理的思考の実践が可能になる。その意味において、「クリティカル・シンキング」は論理的思考の十分条件となるのである。

参考文献

書籍

・大村平『統計のはなし』日科技連、1969年
・ルイス・キャロル『ルイス・キャロルの知的ゲーム』鈴瑠璃子、長富太郎（編訳）、大修館書店、1987年
・市川伸一『考えることの科学』中公新書、1997年
・山鳥重『「わかる」とはどういうことか』ちくま新書、2002年
・波頭亮『思考・論理・分析』産業能率大学出版部、2004年
・伊勢田哲治『哲学思考トレーニング』ちくま新書、2005年
・アン・トムソン『論理のスキルアップ』斎藤浩文、小口裕史（訳）、春秋社、2008年
・ダニエル・カーネマン『ファスト&スロー』村井章子（訳）、早川書房、2012年
・楠見孝、道田泰司（編）『批判的思考』新曜社、2015年
・ケン・マンクテロウ『思考と推論』服部雅史、山祐嗣（訳）、北大路書房、2015年

雑誌・論文・その他

・小林厚子「確率判断の認知心理（1）」『東京成徳大学研究紀要』5、1995年
・波頭亮「正しい言語感覚と集合関係の判断力が、論理的思考力を鍛える」『Think!』52、2015年
・山本佳奈「情報化社会での意思決定に役立つクリティカル・シンキング」『オムニ・マネジメント』305‐316、2017‒2018年
・裁判所ホームページ：裁判例情報：平成29年（わ）1240号
http://www.courts.go.jp/app/files/hanrei_jp/214/087214_hanrei.pdf

あとがき

論理的思考については、実は15年前に一冊の本を書いている（『思考・論理・分析』産業能率大学出版部）。

そしてこの15年の間に脳科学や認知科学が大幅に進歩したために、筆者自身の論理的思考に関する理解が変化／進歩した。例えば、その当時には単なる一つの仮説として扱われていたシステム1&システム2という二重過程理論は、この間の多くの実証研究によって今では思考・認知のメジャーな理論として多くの研究者に承認されているし、その研究を基にして提唱されている「後づけの論理」という脳のメカニズムも人間の思考の実態として有力視されるようになってきている。

こうした研究の進歩によって明らかにされてきた脳のメカニズムが意味するのは、理性の仕事だとされていた論理的思考という脳の情報処理作業が、本能や直感といった非理性的な作業と明確に区分することが難しいものかもしれないということである。

筆者は15年前の『思考・論理・分析』の「おわりに」で、「アリストテレスが論理学の基礎を築いてからデカルトが論理的思考の方法論として演繹法を完成させるまでに、何と2000年もの歳月を要している。このことが何を意味しているかというと、人間がものごとを分かる技術をいかに欲しがってきたかということと、そしてそれがいかに難しいかということである」と記している。近代的な論理的思考の方法論としてデカルトが思考の根底に据えたのは〝理性〟であったのだが、近年の脳科学、認知科学の進歩が明らかにしたのは、その理性すら客観的妥当性を担保し得る堅いものではなく、直感や感覚と同様に状況依存的・相対的なものであったということである。つまり、感覚や情緒を排し、理性によってこそ客観的に妥当とされる論理的思考が成立するとしたデカルト以来の近代的理性主義に揺らぎが生じ、理性の独立性を前提とした論理的思考は実は幻であったということなのである。そして今後は、何が堅く何が普遍なのかまるで曖昧な森羅万象の中で、それでもなお客観性と普遍性を追求するための新しい論理的思考法が求められるのである。

こうした問題意識を持って、筆者は以前から新しい論理的思考の方法論を提示した『思考・論理・分析』の改訂版を書きたいと考えていたのだが、実際に内容と構成を考えるうちに、気がついたことがある。

気がついたこととは、近年の脳科学、認知科学の進歩によって示された脳の思考・認知メカニズムを踏まえて改訂されるべき論理的思考の方法論と、それまでの論理的思考の方法論との違いは、実際の思考現場においてはそれほど大きなものではないということである。言うなれば、ニュートン力学がアインシュタインの一般相対性理論によって〝理論的には〟根底から覆されたが、ビルを建てたり、列車を走らせたり、工場の生産設備を稼働させたりするという現実的な力学の用途の上ではほとんど何も変更しなくても構わないというのと同様である。実際の用途として、人工衛星を使ったGPSの位置修正や天文学的精密さでの時刻修正などには両者の間の差異は利用されているらしいが、そうしたごく一部の用途以外ではニュートン力学による計算で、日常の生活も計算も、特に不自由も不便も無いというのが現実なのである。

では、筆者が論理的思考について書くべきことは何も無かったのかというと、15年ぶりに論理的思考のあり方に再び向き合ったからこそ見えた、論理的思考に関する問題があった。それが本書の「まえがき」でも記した、論理的思考力を習得したい人が多数存在し、論理的思考に関する解説書が数多く出されているにもかかわらず、論理的思考力の習得に成功した人は驚くほど少ないという現実である。

本文でも紹介したことだが、筆者は以前から論理的思考力を強化・向上させるための研修プログラムを行っており、そのプログラムを受講した方のほとんどは論理的思考の能力が偏差値ベースで10～20向上している。論理的思考力を強化したいと望む世の中の多くの方々が論理的思考の勉強をしていても、そのほとんどの方が論理的思考力の習得に成功していないというのも現実なら、やるべきwhat to doやhow to doをきちんと行えば論理的思考力は大きく向上するというのも現実である。

こうした現実を踏まえて、どうすれば実際に論理的思考力を習得することができるのかについて、理論と実践を合わせた形で具体的に紹介したいと考えたのが本書執筆の動機である。

もう一点、筆者が考える本書の意義がある。

これからＡＩがますます発達していく中で、人間の知的作業の多くは確実にＡＩによって代替されていく。しかし、車や鉄道が発明されたことによって人間が日頃から歩かなくなると人間の歩く能力がどんどん衰えてしまうように、知的作業のあれもこれもをＡＩに任せっきりにすると、人間の論理的思考力は劣化してしまう。合理的な判断をＡＩが担い、人間はもっぱらＡＩが下した判断に従うばかりでは、人間は知的にＡＩの召使いになり下がってしまうことになる。そうならないためにも、すなわち人間がＡＩの主人として有効にＡＩを活用できる存在でいるためにも、人間にとって論理的思考力は極めて重要な能力である。

そのためにも、実際に論理的思考力を身につけるための有効なノウハウは社会的に意義を持つと考えている。

本書の執筆、出版に当たっては、筑摩書房の吉崎宏人氏・伊藤笑子氏に大変お世話になりました。本書の企画、構成、執筆、編集の全ての過程で温かい励ましとご理解を頂いたおかげで、何とか書き上げることができました。また筆者事務所のリサーチャー山本佳奈氏にも、原稿の整理、データや資料の収集・確認、図表の作成等において多いに助けられました。お三方には心より感謝しています。

これからＡＩが発達、浸透していく中で、ナイーブな理性主義から一歩先に踏み出して、人間ならではの論理的思考力を身につけ、一人でも多くの人が合理的な思考と有効な判断を行えるようになる事に本書が少しでも貢献できたら幸いです。

２０１９年３月

波頭　亮

ちくま新書
1404

論理《ろんり》的《てき》思《し》考《こう》のコアスキル

二〇一九年四月一〇日 第一刷発行

著者 波頭亮（はとう・りょう）

発行者 喜入冬子

発行所 株式会社 筑摩書房
東京都台東区蔵前二―五―三 郵便番号一一一―八七五五
電話番号〇三―五六八七―二六〇一（代表）

装幀者 間村俊一

印刷・製本 三松堂印刷 株式会社

ISBN978-4-480-07215-3 C0295

908 東大入試に学ぶロジカルライティング　吉岡友治

腑に落ちる文章は、どれも論理的だ！　東大入試を題材に、論理的に書くための「型」と「技」を覚えよう。学生だけでなく、社会人にも使えるワンランク上の文章術。

889 大学生からの文章表現 ――無難で退屈な日本語から卒業する　黒田龍之助

読ませる文章を書きたい。だけど、学校では子供じみた作文と決まりきった小論文の書き方しか教えてくれなかった。そんな不満に応えるための新感覚の文章読本！

839 実践！交渉学 ――いかに合意形成を図るか　松浦正浩

問題に関係している人全員のメリットを探求する学問、「交渉学」。身近なところから国際関係まで幅広く使えるその方法論と社会的意義をわかりやすく解説する。

816 論理病をなおす！ ――処方箋としての詭弁　香西秀信

詭弁をあなどるなかれ！　いくら論理で説得しようとしても、うまくいかないことだらけ。それより、相手の議論までも武器にした、口先、小手先の技術を身につけろ。

604 高校生のための論理思考トレーニング　横山雅彦

日本人は議論下手。なぜなら「論理」とは「英語の」思考様式だから。日米の言語比較から、その背後の「心の習慣」を見直し、英語のロジックを日本語に応用する。２色刷。

600 大学生の論文執筆法　石原千秋

大学での授業の受け方から、大学院レベルでの研究報告や社会に出てからの書き方まで含め、執筆法の秘伝を公開する。近年の学問的潮流も視野に入れた新しい入門書。

542 高校生のための評論文キーワード100　中山元

言説とは？　イデオロギーとは？　テクストとは？　辞書を引いてもわからない語を、思想的背景や頻出する文脈から解説。評論文を読む〈視点〉が養えるキーワード集。

ちくま新書

1340
思考を鍛えるメモ力
齋藤孝
メモの習慣さえつければ、仕事の効率が上がるだけでなく思考が鍛えられる。基本のメモ力から、攻めのメモ力の技術、さらに大谷翔平等から学ぶ「鬼のメモ力」とは。

1368
生産性とは何か
――日本経済の活力を問いなおす
宮川努
停滞にあえぐ日本経済の再生には、生産性向上が必要だ。誤解されがちな「生産性」概念を経済学の観点から捉えなおし、その向上策を詳細なデータと共に論じる。

1283
ムダな仕事が多い職場
太田肇
日本の会社は仕事にムダが多い。顧客への過剰なサービス、不合理な組織体質への迎合は、なぜ排除されないのか？　ホワイトカラーの働き方に大胆にメスを入れる。

1276
経済学講義
飯田泰之
ミクロ経済学、マクロ経済学、計量経済学の主要3分野をざっくり学べるガイドブック。体系を理解して、大学で教わる経済学のエッセンスをつかみとろう！

1228
「ココロ」の経済学
――行動経済学から読み解く人間のふしぎ
依田高典
なぜ賢いはずの人間が失敗をするのか？　自明視されてきた人間の合理性を疑い、経済学、心理学、脳科学の最新知見から、矛盾に満ちた人間のココロを解明する。

1232
マーケティングに強くなる
恩蔵直人
「発想力」を武器にしろ！　ビジネスの伏流を読み解き、現場で考え抜くためのヒントを示す。仕事に活かせる実践知を授ける、ビジネスパーソン必読の一冊。

1302
働く女子のキャリア格差
国保祥子
脱マミートラック！　産み、働き、活躍するために必要な職場・個人双方の働き方改革を具体的に提案。育休取得者四〇〇〇人が生まれ変わった思考転換メソッドとは？

ちくま新書

1092
戦略思考ワークブック【ビジネス篇】
三谷宏治
Suica自販機はなぜ1・5倍も売れるのか？　1着25万円のスーツをどう売るか？　20の演習で、明日から使える戦略思考が身につくビジネスパーソン必読の一冊。

1188
即効マネジメント
――部下をコントロールする黄金原則
海老原嗣生
自分の直感と経験だけで人を動かすのには限界がある。マネジメントの基礎理論を学べば、誰でもいい上司になれる。人事のプロが教える、やる気を持続させるコツ。

1189
恥をかかないスピーチ力
齋藤孝
自己紹介や、結婚式、送別会など人前で話す機会は意外と多い。そんな時のためのスピーチやコメントのコツと心構えを教えます。これさえ読んでいれば安心できる。

1006
高校生からの経済データ入門
吉本佳生
データの収集、蓄積、作成、分析。数字で考える「頭」は、情報技術では絶対に買えません。高校生でも、そして大人でも、分析の技法を基礎の基礎から学べます。

807
使える！　経済学の考え方
――みんなをより幸せにするための論理
小島寛之
人は不確実性下においていかなる論理と嗜好をもって意思決定するのか。人間の行動様式を確率理論を用いて抽出し、社会的な平等・自由の根拠をロジカルに解く。

565
使える！　確率的思考
小島寛之
この世は半歩先さえ不確かだ。上手に生きるには、可能性を見積もり適切な行動を選択する力が欠かせない。確率のテクニックを駆使して賢く判断する思考法を伝授！

1363
愛読の方法
前田英樹
本をたくさん読んでもかえってバカになる人間が後を絶たない――。書かれたものへの軽信を免れ、いかに生きるべきかという問いへとつながる「愛読」の秘訣を説く。